高效清单工作法

聪明人的无压时间管理手册

[美] 达蒙·扎哈里亚德斯
Damon Zahariades 著

胖子邓 译

To-Do List Formula
A Stress-Free Guide To Creating To-Do Lists That Work!

机械工业出版社
China Machine Press

图书在版编目（CIP）数据

高效清单工作法：聪明人的无压时间管理手册 /（美）达蒙·扎哈里亚德斯（Damon Zahariades）著；胖子邓译 . —北京：机械工业出版社，2019.10（2022.11 重印）
书名原文：To-Do List Formula: A Stress-Free Guide to Creating To-Do Lists That Work!

ISBN 978-7-111-63524-6

I. 高⋯ II. ①达⋯ ②胖⋯ III. ①工作方法 – 通俗读物 ②时间 – 管理 – 通俗读物 IV. ① B026-49 ② C935-49

中国版本图书馆 CIP 数据核字（2019）第 186189 号

北京市版权局著作权合同登记　图字：01-2019-4039 号。

Damon Zahariades. To-Do List Formula: A Stress-Free Guide to Creating To-Do Lists That Work!

Copyright © 2016 by Damon Zahariades.

Simplified Chinese Translation Copyright © 2019 by China Machine Press. This edition is authorized for sale in the Chinese mainland (excluding Hong Kong SAR, Macao SAR and Taiwan).

No part of this book may be reproduced or transmitted in any form or by any means, electronic or mechanical, including photocopying, recording or any information storage and retrieval system, without permission, in writing, from the publisher.

All rights reserved.

本书中文简体字版由 DZ Publications 授权机械工业出版社在中国大陆地区（不包括香港、澳门特别行政区及台湾地区）独家出版发行。未经出版者书面许可，不得以任何方式抄袭、复制或节录本书中的任何部分。

高效清单工作法：聪明人的无压时间管理手册

出版发行：机械工业出版社（北京市西城区百万庄大街 22 号　邮政编码：100037）
责任编辑：朱婧琬
责任校对：殷　虹
印　　刷：固安县铭成印刷有限公司
版　　次：2022 年 11 月第 1 版第 4 次印刷
开　　本：130mm×185mm　1/32
印　　张：4.75
书　　号：ISBN 978-7-111-63524-6
定　　价：49.00 元

客服电话：(010) 88361066　68326294

版权所有 • 侵权必究
封底无防伪标均为盗版

前言
PREFACE

待办事项清单(to-do list)㊀是如今用起来最简单的一种任务管理方法,但它也令成千上万的使用者感到挫败,你可能就是其中一位。

如果你感到挫败,这绝不是你的错。首先,很少有人接受过正式的关于"如何创建待办事项清单"的训练。在学校里,它也基本没有被教授过;等到我们进入职场后,自然就都靠着糟糕且无效的方法来工作。

其次,如果没有进行过系统训练,你使用的任

㊀ 为方便阅读,本书后面提到的"任务清单"和"清单"均指"待办事项清单"。

务管理方法，可能反而会破坏你完成任务的效率。我把这种情况称为"生产率悖论"，这一点将在稍后详细讨论。

"生产率悖论"造成的结果是灾难性的。

缺乏合适的任务管理方法，我们的生活很容易失控。面对许多接近截止日期的重要项目⊖，我们的压力将一路飙升；与此同时，新任务不断涌入，抢占着我们的注意力资源。我们将会感到不知所措，因为清单已经超出了我们能力可及的范围。

这就是那些感到挫败的清单使用者的日常。

这也正是我写作本书的原因。我在书中将向你介绍如何管理任务并创建清单，最终帮助你完成重要的工作。学会了这个技能，你的大部分压力就会消失。

这是一本简短易懂的书，它的目标是帮助你尽

⊖ project，多为包含多任务、有特定目的、要在一定时间内完成的某一活动。——译者注

快采取行动。"尽快行动"才是最重要的。你可能是因为感到被一堆任务、项目和承担的责任所吞没，而开始阅读本书。书中的任务管理方法将帮助你重新掌控工作和生活，走在时间的前面。

这不是一本应该阅过即焚或者束之高阁的书，而是一本需要反复阅读和应用的书。但不用担心，书中内容的组织和编写方式决定了它易于快速阅读。你也可以选择只阅读你认为重要的部分。

具体如何应用由你自己决定。

本书介绍的并不是某种单一、完美、适用于所有人的任务管理方法。相反，它的目标是帮助你找到适合自己工作流程的最优方法。

我将介绍目前最常用的几种清单制作法。每种都既包含有用的功能，又包含值得注意的缺陷。在讨论了这些制作法之后，我将介绍如何创建有效的清单，并带你一步一步地完成整个过程。

在本书的最后，我们将讨论如何使这份清单良好、持续地运行，日复一日地为你提供完美指引。我鼓励你采用适合自己的策略，而不是别人的策略。

正如我在其他书中也强调的，只有你才是你这艘船的船长。我只是提供地图并提出可行的建议，而你才是整个航程的执行者。

最后一点是……不要被本书的目录吓倒。书中的内容已被我精心整理过，因此你可以轻松地找到对你来说影响最大的部分。你不必全部阅读，可以选择阅读你感兴趣的部分，其他部分留待以后再读。

当然，如果你在任务管理方面感到完全不知所措，我建议你从头到尾阅读本书。你将理解为什么自己的任务管理方法会失败；你还能学到如何改变才能按时完成任务，从而减轻压力，并在日常生活中体验更多的快乐。

当你阅读完本书时，你学到的不仅是创建一份"应该做什么"的任务清单。这份清单实际上会帮助你完成任务——那些真正重要的任务。你不再需要与慢性压力和自我愧疚做斗争，而是可以享受轻松、无压力的工作时间。

你即将开始学习如何创建清单，而这将彻底改变你在办公室和家中的工作方式。

准备好了吗？让我们开始吧。

目录
CONTENTS

前言

第1章　待办事项清单：你需要用它做什么　│ 001

第2章　生产率悖论：待办事项清单如何阻碍你的成功　│ 005

第3章　为什么你没能完成待办事项清单　│ 009

　　01　你误解了待办事项清单的目的　│ 010
　　02　你忽略了设定截止日期　│ 012
　　03　你的清单太长了　│ 014
　　04　你的清单充满了变数　│ 016

05 你给自己留了太多选择 | **018**
06 你未曾意识到为任务添加场景 | **020**
07 你的任务被定义得过于宽泛 | **022**
08 你的任务不符合特定目标 | **025**
待办事项清单掌握程度：自我测评 | **027**
消极情绪如何影响你的工作效率 | **030**

第4章 **10种最常用的待办事项清单法** | **033**

01 "事无巨细"清单 | **034**
02 "任务＋开始日期＋截止日期"
　　清单 | **036**
03 待办事项清单"两人组"：主任务
　　清单＋每日任务清单 | **038**
04 "3＋2"法 | **041**
05 "1-3-5"法 | **044**
06 基于项目的清单法 | **047**
07 3-MIT 法 | **050**
08 "便利贴"法 | **052**
09 "四象限"法 | **056**
10 GTD 法 | **059**

第5章　如何创建完美的待办事项清单　| 066

　　第 1 步：从任务中分离出当前任务　| 067
　　第 2 步：根据期望的结果确定任务　| 070
　　第 3 步：将项目分解为单个任务　| 072
　　第 4 步：设定每个任务的截止日期　| 075
　　第 5 步：将当前任务的数量限制
　　　　　　为 7 个　| 077
　　第 6 步：按项目、类型和地点组织
　　　　　　任务　| 080
　　第 7 步："修剪"多余的任务清单　| 084
　　第 8 步：估算完成每项任务所需
　　　　　　的时间　| 088
　　第 9 步：使用主动动词引导每项任务　| 090
　　第 10 步：注意哪些任务会受到他人
　　　　　　 的影响　| 093

第6章　如何维护待办事项清单系统　| 097

　　技巧 1：建立"微任务"批处理清单　| 097
　　技巧 2：保持警觉，不被任务压垮　| 100
　　技巧 3：按场景定义待办事项清单　| 102

技巧 4：进行每周回顾 | **103**
技巧 5：更新你的目标清单 | **106**
技巧 6：避免在方法论上犹豫不决 | **109**
技巧 7：构建适合你的系统 | **112**
技巧 8：保持一致 | **114**
从"高效"轨道上掉下来怎么办 | **116**

第7章　计算机还是纸和笔：你应该用哪种工具创建清单 | **119**

使用纸和笔的情况 | **120**
在线存储待办事项清单的情况 | **122**

第8章　如何将日历整合到待办事项清单中 | **126**

第9章　什么是"已完成清单"（以及你需要保留它吗） | **130**

如何创建已完成清单 | **132**

第10章　关于有效待办事项清单的一点看法 | **135**
译后记 | **138**

第 1 章

待办事项清单：
你需要用它做什么

一份高效的待办事项清单将协助你完成以下事情。

第一，它可以帮你掌控工作进程——它会告诉你需要做什么，以及什么可以放在后面做。一种好的任务管理法会使工作进程不那么混乱。

第二，你不至于错过任务的截止日期。一份合适的待办事项清单，将帮助你根据任务的重要性和紧迫性设定当天必须完成的事。你能依照清单把时间和精力都投入到最有价值的地方。

第三，待办事项清单将确保你在正确的时间处理正确的任务。你能筛选出紧急任务，并在时间允许的情况下完成那些不太紧急的任务。你不至于感到不知所措，而是感觉自己能够掌控生活，从而避免焦虑。

第四，你将避免浪费宝贵的时间去处理"看上去的危机"。清单将使你根据项目的紧急程度来明确目前需要处理的工作是什么。在清单协助你的同时，你也将学会依靠它来管理自己的时间。一份好的清单将防止你对看起来像危机事件的项目做出过度反应。你会根据当前的工作量评估每种情况，做出"应该做什么"

的合理决定。

值得注意的是,只有少数"危机事件"属于真正的紧急情况,它们中的大多数来源于我们情绪上的过度反应。如果清单有效地消除了这种情绪,你便可以做出最佳决策,从而最大限度地提高自己的效率。

第五,一份合理的待办事项清单将帮助你在更短的时间内完成尽可能多的工作。更重要的是,你将完成那些真正要做的事。提高工作效率不仅仅意味着一长串任务的完成,而且有更高的使命:它将帮助你专注于实现高价值目标的任务,而不是让你一直处于忙碌的状态。

第六,待办事项清单将大大减轻你的压力。正如第二点讲到的,你不至于错过任务的截止日期,也就不会因此经历持续的、令人不快的压力。你也将避免因为所谓的"危机"而分心,也就能够感到对任务的控制在不断增强。你将专注于那些高价值任务,确保以最有效的方式度过每一天。

第七,一份设计合理的待办事项清单将提高你的注意力。当我们谈到完成任务时,需要关注"我们是如何完成的"。如上所述,清单将展示你在哪里无意义地消磨了时间。你将知道哪些任务优先于其他任务,哪些任务值得你立即投入时间和精力。在这样持续的训练之中,你可以专注于完成重要的工作,而不是将时间浪费在微不足道的活动上。

第八,一份好的待办事项清单将消除拖延任务造成的挫败感和内疚感。它将帮助你更聪明地工作,并让你设立更长期和宏大的目标。你将专注于更有意义的项目,在每天结束时获得真正的成就感。

在下一章中,我们将讨论"生产率悖论":当前的清单会如何阻碍你更好地完成任务。

第 2 章

生产率悖论：待办事项清单如何阻碍你的成功

·······

让我们一起来看看以下这四个数字（这些数据来自任务管理 App——iDoneThis）。

- 41%：有 41% 的待办事项永远不会完成。
- 50%：已完成的待办事项有 50% 是在一天内完成的。
- 18%：已完成的待办事项有 18% 是在一小时内完成的。
- 10%：已完成的待办事项有 10% 是在一分钟内完成的。

这些数字告诉我们什么？

第一，这表明许多待办事项清单是无效的。超过 40% 的任务从未完成，这意味着将近一半的任务被转移到了第二天，无限期推迟或完全丢弃——这显然不是有效的任务管理应有的样子。

第二，我们可以看到绝大部分事项很快就完成了，有些甚至在几分钟内就完成了。这表明许多人的清单未能指定单项任务完成所需的时间，或者倾向于选择看起来容易做的任务。待办事项清单最根本的用途是规划我们的时间，为我们的任务排出优先级，但许多人在使用的时候并没有解决这方面的问题。大量的待办事项在几分钟后就被我们从清单中划掉，在这些待办事项中少有正确或是重要的工作。除了给我们带来虚假的成就感以外，很难看到这样的任务安排有什么额外的价值。

第三，这些数据告诉我们，许多清单都太长了。任务负担过重会带给我们过多的压力，连我们自己也清楚地意识到，完成清单中的每个项目是近乎不可能的——于是最终被迫放弃它们。

数据表明，大多数人都无法完成自己待办事项清单中的每个项目。根据 iDoneThis 的数据，41%的待办事项永远不会完成；另一项领英的调查则显示，近90%的专业人士承认他们没有定期完成任务清单。

第四，上述数据表明，许多人是在没有清楚掌握自己的日程安排和时间可用性的情况下处理任务的。41%的任务未完成，这意味着如果通过任务完成率来衡量我们的效率，那么许多人使用待办事项清单并没有太多有意义的收获。

　　让我们总结一下这个"生产率悖论"究竟是什么。我们期待创建待办事项清单以帮助我们组织任务、管理时间并完成工作。但如果我们错误地理解了待办事项清单的内涵，依赖于错误构思的任务管理法，便会在无意中破坏创建的清单，最终要么继续挣扎着列出所有的待办事项，要么彻底放弃使用这种方法。

　　这样做无疑会损害我们的效率。我们最终获得的成就将会更少而不是更多。

　　在下一章中，我们将一起仔细研究待办事项清单为什么会失效。如果你没有接受过正式的任务管理培训，那么你所列的清单很可能会阻碍你成为高效率的人。

第 3 章

为什么你没能完成待办事项清单

在理想的情况下,你应该在每天结束时完成出现在清单中的所有项目。如果你遇到了困难,请仔细阅读本章。

在这一章里,我将说明大部分人未能完成待办事项清单的 8 个常见症结。这之中任何一个都可能破坏你的工作效率并阻碍你按时完成任务。

01 你误解了待办事项清单的目的

让我们来思考这个问题:为什么要创建待办事项清单?或者说,你希望用它们完成什么?

大多数人会回答:"我想把事情做好。"但遗憾的是,这不是设计合理的待办事项清单的用途。

待办事项清单主要是帮助你组织任务和项目,并突出最重要的内容。它可以让你把脑海中所有可能被忽视的任务提取出来。通过将它们一一写下、罗列起来,你可以得到一张"我要做什么"的藏宝手册:你将获得关于优先级最靠前的那些任务的概览。

当你在清单中列出任务后,管理清单上的任务比从你脑海里任意提取没有章法的任务要更容易和高效。你可以根据"我需要完成什么"来轻松组织自己要做的任务,并相应地计划自己的一天。仅此一项就能够大幅提升你对于重要事项的专注能力。

大多数人都误解了清单的功能。他们认为清单就是帮助他们一一列出每项任务的一种工具。其实不然。一份可靠的清单会将你的注意力吸引到真正要做的工作上,防止你转向那些不太重要的项目。

待办事项清单不应该成为确保你完成所有工作(尤其是那些琐碎不重要的事)的工具,它需要做的是确保你完成那些真正要做的事情。

理解待办事项清单能帮你做什么很重要。如果你误解了它,那么你将无效而且过度地创建和使用它们,而最终清单也会阻碍你的效率提升。

在本书后面的章节中,我将向你详细介绍如何创建符合自己需求的清单。当然,你需要修改我给出的方法以适应个人独特的工作流程和偏好。但是你会发现,构建高效清单的基本原则是普遍适用的。

02 你忽略了设定截止日期

没有截止日期的待办事项清单只能被称为愿望清单。没有最后期限,我们就会无所作为。

截止日期不只是强加紧迫感,它能帮助我们根据完成任务和项目所需的时间来确定任务和项目的优先级。另外,它也会刺激我们去行动。

请考虑一下:如果没有还款日,你会多快还清信用卡的账单?你会多快支付汽车牌照费?像大多数人一样,你多半会无限期地推迟这两项任务。

当人们创建清单并忽略为每项任务设定截止日期时,会出现同样的结果。面对没有最后期限的任何规划时,我们的动力很小。没有动力,我们便什么都做不到。随着时间的推移,未完成的任务越来越多,长此以往，清单将变得无法掌控。

大多数人都在拖延中挣扎。即使你是那种会设法遏制拖延的人，也必须时时保持警惕，以免这种习惯重新回到你的生活中。

设定截止日期是战胜拖延的关键。它激励我们采取行动并完成任务。它们还有助于我们衡量时间管理工作的有效性。如果我们一直按时完成重要的事情，我们就"被迫"去做了该做的事情。

另外很重要的一点是，截止日期还有助于我们决定在何时花费有限的时间和精力。我们总会在不同的任务中选择，无论手里的任务是什么，总是会有比完成它们所需时间更多的任务在排队。截止日期有助于我们去思考和规划，根据需要完成的目标，在任务之间进行选择。

回想一下帕金森定律："工作总是会令你忙到你的时间不够用为止。"如果你主动不为自己的待办事项设定一个截止日期，那么这些事就必定一直留在你的清单上。

03 你的清单太长了

我说的太长的清单,是指那些似乎永远不会结束的日常任务清单。它们一直在继续,包含许多日常的事务。

这些清单在许多方面都适得其反。第一,它们分散注意力。因为它们给出了太多选择,而每个选项都会把你的注意力从最重要的工作上移开。

第二,它们是不现实的。太长的清单最终会达到无法管理的程度。你无法做完所有琐碎的事情,因为它们实在是太多了。

第三,它们令人沮丧。如果你列出的清单几乎等于一份"今日无法完成的任务清单",那么一次又一次这样的经历,可能会破坏你的动力。

第四,它们变相地鼓励你拖延。由于未能日复一日地完成你的待办事项,随着时间的推移,你将失去驱动力或推动力,慢慢忘掉及时完成任务才是最根本的目的。

一天中，你能用来处理所列工作的时间是有限的。因此，你应该设定待办事项清单的范围以适应这些限制条件。如果你只有四个小时的时间，那么请确保清单中的项目可以在四个小时内完成。否则，列出太长的清单让自己品尝失败的滋味，这并不能产生什么价值。

许多人把想要完成的每项任务都储存在大脑中，大脑中就像有一份可以持续变长的清单，所有任务都被记录在其中。可问题在于，他们忽略了对这些任务进行分类，例如根据背景、优先级和紧迫性的不同将它们放在不同的清单中。这些任务会保留在"大脑寄存器"上，每天都向你发出滚动提醒，告知你需要完成的所有工作。

这是一种糟糕的任务管理方法。它只会随着你每天添加越来越多的新任务,变成一份超长而冗余的清单。

04 你的清单充满了变数

如果你只是把大脑中储存的待办事项写进清单,那么你将一直在收集超大范围中的各种任务:需要 3 分钟就可以完成的任务和需要 3 周才能完成的任务被列在一起;高优先级任务被列在低优先级任务的旁边(而且可能无限期地被放在后面)。你还可能在清单中找到大量毫无关联的任务。

换句话说,在这样的清单中,各种任务之间没有联系。

这种方法会产生严重的后果。第一,面对一长串可能的选择,你可能会因为不采取行动而陷入"瘫痪"的状态,或者被迫做一些低性价比的活动,例如查看 Facebook 消息。这就是心理学家巴里·施瓦茨(Barry

Schwartz)所说的"选择的困惑":如果我们拥有的选择越多,那么在这些选择之间做出决定的能力就越差,我们所面临的焦虑就越多。

任务清单中存在太多变数的第二个后果是,你需要更长时间才能完成任务。无论你是因犹豫不决而"瘫痪",还是将Facebook视为避免在多种选择之间做出选择的方式,最终都会浪费宝贵的时间——而这显然会降低效率。

第三,待办事项清单中的过多变数会增加你的压力水平。你更容易分心,而这意味着你的工作效率也会随之降低。你无法选择应该处理哪项任务,进而你的时间管理能力也遭到了破坏。因此,你没有多少时间来完成重要项目,这迫使你更加努力地在截止日期前完成工作。由于可用时间较短,你更有可能错过最后期限,而这可能会引发你的内疚、羞耻和沮丧感。

以上这些情况会导致你的压力飙升。反过来,这将使你更难有精力去做那些真正值得骄傲的高质量工作,并且更难以按时完成这类高消耗的工作。

但好消息是,一旦你知道如何创建有效的清单,就可以轻松避免上述问题。我将在本书的后面章节向你展示这些步骤。

05 你给自己留了太多选择

这种情况与任务的变数过多密切相关。由于太多的选择潜在地影响了大脑如何做出决定,所以这一点还是值得单独一提的。

每天早上醒来时,和我们一起苏醒的还有一定量的认知资源。在我们做决定时,这些认知资源就会被快速地消耗掉,所有简单或复杂的决定都会造成一定的认知损耗。

这也是我们能在早晨多种选择之间轻松选择的原因。例如,你应该在早餐时吃华夫饼、鸡蛋还是麦片?在这个决定中,你通常可以随意使用完整的认知资源。然而,在一天结束时,即使是最简单的选择也似乎变得很难。你应该去健身房、看电视，还是和你的伴侣进行有意义的交谈？你可能很累，对应的认知资源也很少。因此，你做出理性决策的能力就会被削弱。

这被称为决策疲劳。在这种状态下，你无法做出正确的决策，因为做了一天的决策后，你的头脑已经疲惫不堪了。换句话说，你的认知资源已经耗尽，大脑的任务处理器烧得冒烟了。

理解"决策疲劳"对我们来说很重要，因为它决定了我们在不同任务之间分配时间的能力。认知资源耗尽的时候，我们会变得不那么理性、不那么专注，也不太能控制自己的冲动。因此，我们更倾向于选择能够提供即时满足的活动，而不是那些对我们来说更有价值的活动（当然，更有价值的活动也需要更多的认知努力）。

在一天结束时，出现决策疲劳的我们更有可能选择看电视，而不是选择健身房。我们更有可能拿起一袋薯片而不是自己准备沙拉或煎牛排。我们倾向于选择最轻松的道路。

存在太多选项的清单会加剧这种情况。它们迫使你做出关于需要处理哪些任务的非必要决定。如上所述,每个决定都会侵蚀你的认知资源,并增加你的决策疲劳。这最终导致了一种被称为"决策逃避"的困境。面对太多选择,你会避免从中挑选,因为这样做需要太多心理上的努力。相反,你会花费宝贵的时间查看电子邮件,访问 Facebook 或看新闻,所有这些都是在试图逃避一件事——决定真正应该做的事。

陷入"决策逃避"的结果可想而知:你的工作效率将直线下降,待办事项(包括那些重要事项)也未能完成。

06 你未曾意识到为任务添加场景

大多数清单最大的劣势之一就是缺乏任务的背景。任务被写下来,但是关于完成它所需的时间、优先级以及它在完成某件事的过程中所起的作用,你未做任何标示。

没有这样的背景信息,你自然很难知道哪些任务需要立即关注。事实上,你都没法根据自己的实际情况判断能否完成特定任务。

如果你不知道需要多长时间才能完成这项任务、它有多重要,以及它如何与某个大目标相关联,你又怎么知道是否应该继续努力呢?如果你不知道是否需要获取某些资源来处理该任务,你又怎么能知道是否可以在某个特定时间去完成它呢?

你无法知道。

因此,没有提供任务场景的清单常常是无效的。它们总是弊大于利——它们不会促使你处理最重要的任务,而是会让你浪费时间在并不适合当前情况的任务上。假设你的清单包含"给我的会计师打电话"这样一项任务,而它并没有提供相关的优先级信息,那么你是需要今天打电话给会计师还是等到下周?同样,它也没有提供关于电话可能持续多长时间的信息。那么,你是需要几分钟的时间还是要聊上一个小时?另外,你是要询问会计师有关资产注销的潜在问题,还是想探讨建立壳公司的利弊?

在不知道其细节的情况下,我们难以决定是否处理待办事项,这就是问题的关键所在。

创建缺乏场景的任务清单,你最终会得到难以选择的选项。结果是什么呢?你的清单变成了对未解决和未完成事件的持续记录,而不是对你需要完成的事件的记录。

07 你的任务被定义得过于宽泛

之所以出现被宽泛定义的任务,问题在于它们的范围太大了。因为缺乏明确的起点和终点,所以我们根本没有办法衡量任务做得究竟成不成功。

假设清单中的一项任务是"构建网站"。这一任务就被定义得过于宽泛了:建立一个网站涉及几个步骤,后面的步骤在其他步骤完成之前无法执行。你需要保留域名、查找 Web 主机、创建主机账户、将域名服务器指向主机服务器、安装 Wordpress、安装主题、安装 Wordpress 插件……

换句话说,这个宽泛意义的待办事项实际上是一个由众多任务组成的完整项目。

如果这个项目出现在我的清单上,那么因为没有列出各项任务,所以我会不知道如何开始,也就自然会倾向于拖延。在这种情况下,这个项目会一直待在我的清单中,而我的焦虑与日俱增,因为我在这件事上没有取得任何进展。

相反,被狭义定义的任务包含明确的起点和终点。例如,你知道任务"保留域名"何时完成,你也知道"查找 Web 主机"的任务应该怎么做。这些待办事项具有单一目标,并且你很容易知道是否已达到该目标。

当项目没有被分解为各个组成部分时,它会被打包、伪装成一项任务。因为待办事项未被详细说明,所以我们很难知道何时完成它。这是待办事项清单中常见的失败。

例如，一个打算写一本新小说的作者，如果将待办事项列为"开始写小说"就太模糊了。因为开始写小说涉及的任务太多而并未详细说明。相比起来，"编写第 1 章初稿"这样的任务会更有效。任务的具体和细化能鼓励你去行动，并且很容易让你知道项目何时被达成。

一名需要准备考试的大学生，将待学习的项目定义为"考试内容"就是非常不精确的。"完成第 171~175 页的全部练习题"这样的任务设定会更有效，因为它可以为学生提供一项具体的任务来完成。

一位希望改善部门工作流程的公司经理，将待办事项描述为"提高部门生产效率"就是模棱两可的。而"安排与团队负责人会面，讨论新的工作流程计划"会更有效，因为它提出了一个单一的目标，而且执行者也很容易知道何时达到了这个目标。

这些例子的关键点就在于，过于宽泛地定义任务，很不利于任务的完成。模糊性使得它们极容易在清单上滞留。如果你在完成待办事项时遇到问题，请检查它们是否可以被分解为较小的任务。

08 你的任务不符合特定目标

你所做的一切都是有目的的。例如，你会更换汽车中的机油，让发动机保持良好的状态；你会按时提交所得税单，以避免罚款和罚款；你会预订自己喜欢的餐厅，以避免 45 分钟的等待时间。

我们设定目标是为了促使自己采取行动。当我们能够预测完成特定任务的积极结果时，我们不太倾向于拖延。在不考虑其他变量的情况下，对结果越确定，我们就越可能采取果断的行动。

可问题在于，很多人在创建清单时都忘记了这个原则。他们写下（或在线记录）每一项想到的任务，但未能将这些任务与具体目标联系起来。因此，他们最终要花费大量的时间来处理长远来看对他们来说不重要的待办事项。

例如，假设你在明天的清单中写出维护博客并"写一篇新博文"，这是你认为需要做的任务。但是你知道你需要做的具体原因以及你在用博客有针对性地发布什么内容吗？

也许你希望新帖子能够在 Facebook 和 Twitter 上曝光，吸引大量流量涌入你的博客网站；也许你想让自己的博客显示在谷歌热门搜索查询的首页上；也许你希望博客文章能够吸引业内有影响力人士的关注。

这些可以促成你与他人建立有价值的联系，激励你做得更好。

关键是，你必须知道每个项目需要完成的原因，并将特定目标附加到清单的每项任务上。忽略了这一步，你就不会有动力去完成这个项目。

或许你已经从过去的经历中意识到了这一点。如果是这样，请不要感到气馁。我将向你展示如何创建真正有价值的清单来刺激你采取行动，这会帮助你更有效地工作，进而提高你的工作效率。

然而，在这部分内容开始之前，让我们先快速评估一下自己对待办事项清单的掌握程度。

待办事项清单掌握程度：自我测评

在我向你展示如何创建有效的清单之前，我们有必要先评估你的目前清单的有效性。仅仅知道自己"不善于使用清单"是不够的，你应该思考"为什么会出现这样的问题"。

为此，我设计了以下调查问卷来帮助你评估对待办事项清单的掌握程度。它将指出你的优势，以及你需要重点关注任务管理的哪些方面。

这是一个快速而简单的测评。你只需回答以下 8 个问题，每个问题给自己打 1 ~ 5 分。得分为 1 表示亟须改进，得分为 5 表示已精通。（你会注意到，以下 8 个问题中的每一个都与我们刚刚介绍的 8 个常见症结相对应，而这些涉及的正是我们未能完成清单的原因。）

在回答问题并了解你在创建有效清单方面的真正掌握程度之后，请记下自己的得分。

测评

1. 你是否了解待办事项清单在任务管理方法中的主要用途？
2. 你是否为每个待办事项设定了一个截止日期（某个具体的日期，而不是"月末"）？
3. 你是否将待办事项清单中的项目数限制为 10 个？（如果是这样，给自己 3 分。）你是否将数量限制为 7 个？（如果是这样，给自己 5 分。）
4. 你是否在创建待办事项清单时尽可能减少未知变数，并关注完成每项任务所需的时间以及每项任务的优先级？例如，你是否列出了一项 3 分钟的任务，而其他任务需要 3 个小时？你是否给任务标注了"A"优先级和"C"优先级？
5. 你的待办事项清单是否限定了那些要耗费精力进行选择的任务的范围？
6. 你是否给出每个待办事项的具体情况，来判断它是高价值还是低价值的任务，以及相关时间规划？
7. 你是否具体地定义任务而非宽泛地描述，以便快速确定何时能完成它？
8. 你是否将每项任务与特定目标相关联？

接下来,你可以计算一下自己的得分。请记住,你需要根据处理问题的程度,给自己 1~5 分。根据得分情况,你就能判断自己对清单的掌握程度了。

32~40 分:你可以算是清单的熟练使用者了。你很擅长任务管理并能够真正掌控它。你会经常浏览每日任务清单,并完成那些真正重要的工作。本书作为一种经常性的提醒,仍然可以帮助你。

19~31 分:你的表现相当不错,但你可以改进设定任务的方式。或许你会对自己在工作和家庭生活之间的选择感到不知所措;或许随着任务清单日益变长,你会感到持续的压力。学习如何创建有效的清单,可以显著提升你的工作效率和时间管理能力。

低于 18 分:你需要重新考虑如何创建清单。在工作中,你应该能感到明显的压力,觉得每一天都不在自己的控制范围之内。你很少(如果有的话)能真正完成清单上的任务,这会使你感到沮丧、内疚,甚至认为自己很无能。但不要因此而自暴自弃,好消息是,你在向着正确的方向努力。阅读完本书后,你将知道如何创建可帮助你完成重要工作的任务清单。

在下一节中我们将探讨,即使你使用的是有效的清单,情绪也会妨碍你的工作效率。

消极情绪如何影响你的工作效率

认识到情绪会对工作效率产生巨大的影响,这是相当重要的一步。当不快乐、压力或恐惧的情绪袭来时,我们的工作效率就会受到影响。无论在实现目标的过程中,这些情绪扮演了什么样的具体角色,我们都会感到脱离了目标本身。我们没有那么富有创意,也难以做出决定;我们容易注意力分散,被其他事情分心。

因此,我们完成的任务也将更少。

我们都体验过消极情绪,这是人性的一部分。重要的是,我们要意识到这些时刻只是暂时的。我们终将重新拾回积极的状态,摆脱困境并完成任务。

不幸的是，许多人长时间处于消极情绪中。这些情绪带来的焦虑、挫折和不安全感，总是能够抓住他们的意识、理性，不难想象这会对他们的工作效率产生多么可怕的影响。

研究表明，慢性压力和恐惧会改变大脑的功能状态。我们进行思考和做出理性决定的能力会受到应激激素（如皮质醇）积累的影响。神经科学家发现，随着时间的推移，这种状态会损害大脑，妨碍我们的决策能力。让我们想想从创建有效清单到完成它的过程：即使你的清单不长，包含了截止日期，也提供了任务场景，并保证任务与特定目标相关联，你最终完成的效果仍然可能不好。恐惧、愤怒和内疚等消极情绪会使我们几乎无法集中注意力并完成任务。

因此，如果你在工作期间难以保持高效，请评估一下自己的情绪状态。你是否在那些破坏你积极性的情绪中挣扎？你在平复对意志力造成损害的情绪吗？持续的消极情绪会侵蚀你的注意力并导致你更容易分心吗？

如果是这样,请查明你产生这些感受的原因。例如,你是否因为错过了工作中的重要截止日期而感到愧疚和沮丧?你是否因为承担了太多相互冲突的责任而感到压力过大和愤怒?一旦确定了引发消极情绪的事情,你就可以采取措施改变自身情况来减轻压力。

这听上去似乎与你的清单无关,但实际上,情绪状态对于依照清单工作而言至关重要。清单会帮助你根据重要性和优先级组织任务,并确定你要在有限的时间内完成哪些任务,而如果你一直在消极情绪中挣扎,就不可能有效地做到这一点。

在讨论了"什么导致待办事项清单失效"这个话题之后,让我们一起来看看那些如今被使用得最多的待办事项清单制作法。

第4章

10 种最常用的待办事项清单法

创建有效待办事项清单的方法不止一种，我将在本章中向你介绍目前最常被用到的 10 种方法。你可能已经熟悉了其中一些，但没有对每一种方法都了如指掌。

总之，这一章的目的不是寻找"最佳"的清单制作法。相反，它会为你提供多种方法的简介，以便你可以识别出能与你产生共鸣的特定方法。

当你设计待办事项清单来梳理自己的工作流程时，就可以合理运用这一章的知识：你可以将不同方法中你喜爱的元素集合到一起，构建一个非常适合自己的待办事项清单。

01 "事无巨细"清单

这种方法没什么优雅性可言。它本质上是"好记性不如烂笔头"——将你能想到的每项任务都写到清单中。你可能已经注意到了此方法固有的问题。

第一，清单会不断增长，如果你每天都不断把任务添加进去，几乎就不会有将这份清单清空的那天。

第二，你会面临太多的选择，而这会削弱你的决策能力。清单为你提供了一长串的选择，你更倾向于犹豫不决，而不是采取行动。

第三，你的清单会有太多变数。需要3分钟完成的任务被列在需要3个小时完成的任务旁边，低优先级任务被列在高优先级任务旁边，而你最终会花时间去处理那些不值得现在就去完成的任务。

任务管理的"事无巨细"清单法还存在其他问题。总之，你意识到这种方法有很多不足之处就足够了。

需要指出的是，进行大脑转储（也就是把脑海中的任务写下来）是创建有效待办事项清单的重要一步。但这只是第一步。在记下了你可以想到的所有任务之后，你需要做的是根据重要性、优先级、具体情况和其他特征来组织它们。

我们稍后将更详细地讨论这方面的清单管理。但现在我们已经知道的是，依赖事无巨细的单一清单来安排工作是一个糟糕的主意。你可能会完成一些任务并将其从清单中删除，从而感到有效率甚至富有成就感。但实际上，你会倾向于选择那些简单、低优先级的任务，因为这些任务总是在最短时间内就可以完成的，但你无法解决那些高价值的问题。

这种方法很受欢迎，但并不是因为它的高效——相反，它和"高效"还差得很远。这是由于大多数人在如何正确设计一种可靠的任务管理方法方面缺乏训练。我想先聊聊这种方法的缺陷，其他9种清单制作法也存在各式各样的缺陷，但从长远看，它们对你的成功没有太多负面影响。

02 "任务 + 开始日期 + 截止日期"清单

"任务 + 开始日期 + 截止日期"这种格式的吸引力就在于它的形式简单。另外，它还引入了任务管理方法中最重要的要素之一：截止日期。

正如我们前面所讨论的那样，大多数待办事项清单缺乏具体的截止日期。你可能对必须完成特定任务的最迟开工日期有个模糊的印象，却忽略了为其设定一个正式的截止日期。

这是相当严重的错误。截止日期很重要，因为它能激发我们行动起来。它能帮助我们在冲突的项目和任务之间正确分配有限的时间。假设我们的截止日期是切合实际的，并把待办事项的比较优先级考虑进去，那么设定截止日期的做法就可以提高工作效率。我们不仅能完成更多的事情，而且能完成更多该做的事。

这种创建清单的方法还引入了第二个关键特征：开始日期。也就是说，它不仅为你提供一长串任务的截止日期，还提供了你应该开始处理任务的日期。

"开始日期"似乎并不重要，但它的用处实际上比你想象的要大很多。它提供了以下两重优势。

首先，它迫使你专注于少量的待办事项。你可以将注意力集中在当天正在做或需要开始去做的任务上。你可以忽略那些开始日期在将来的任务。

其次,你不太可能在最后一刻才完成任务。任务的开始日期将提示你尽早处理,以赶上截止日期。

相反,想一下大多数人如何根据他们的待办事项清单处理工作:他们随意选择一项任务而不在意哪些任务可以等待,而哪些需要立即完成。如果没有开始日期和截止日期来提醒他们做出决定,他们会以随意的方式处理待办事项。

随意的处理可能会抹杀掉我们的工作效率,因为我们很有可能在错误的时间完成错误的任务。

当然,这个待办事项清单方法在很多方面也不完美。事实上,它有很多缺陷,但仍比上一节中提到的"事无巨细"清单更好。

03 待办事项清单"两人组":主任务清单 + 每日任务清单

"主任务清单 + 每日任务清单"法是创建清单的

进阶操作。它涉及两份不同的清单：主任务清单（简称"主清单"）和每日任务清单（简称"每日清单"）。与前面介绍的两种方法一样，它还有很多不足之处。但值得一提的是，它将你的"大脑转储清单"与每日清单区分开了。

以下是该方法的简介。

主清单是你想到的每项任务的滚动存储库。它是你记录每个项目的地方，无须考虑优先级、截止日期、完成项目所需的时间以及与之关联的项目。

例如，你是否打算给屋面承包商打电话来估算你家新屋顶的花销？将其写在主清单中。你需要更换卡车的变速箱吗？也请把它写在主清单中。你是否计划研究投资顾问提到的热门股票?同样,把它写进主清单。

你永远不会完成主清单中的所有任务。它可能会随着时间的推移而增长。在使用这种方法的人看来,这份清单的好处在于它能捕捉在你头脑中游荡的无数任务,从而节省你必须记住它们的努力。

而每日清单是什么样的呢?顾名思义,这就是你全天工作的清单。这是你需要每日使用并定期审查以衡量进度的清单——它的适用范围仅限于你打算在一天内完成的任务。

两份清单如何协同工作呢?

按照这种方法,每天晚上你都要查看主清单;你要寻找在不久后要到期的任务或需要完成的任务,以便推进其他任务。一旦你确定了这些待办事项,就要选择几个,将它们转移到第二天的每日清单中,并估算你是否有足够的时间来完成它们。

或者,你也可以每隔几天而不是每晚都查看主清单,而这也意味着你需要提前几天规划每日清单。

这种任务管理方法可以被运用得很有效。但关键在于，你仍然需要给每项任务设定一个截止日期，并明确其优先级、场景和完成任务所需的时间。

不幸的是，很少有人使用这种方法。它过于简陋，最终你需要面对与其他方法类似的问题：清单总在不断增长；待办事项日复一日地结转；宝贵的时间都浪费在了低优先级任务上……

04 "3 + 2"法

这种待办事项清单方法遵循一个简单的公式：三项大任务 + 两项小任务。

每天，你需选出要处理的 5 项任务（或者更好的方法是，你在前一天晚上选择它们）。大任务通常设定为一两个小时才能完成，小任务则是用 30 分钟或更短时间就能完成的。

你可能已经注意到"3 + 2"法的主要优势：它限制了每日清单中的任务数量——5 个。不要过多，也不能过少。

另外一个优势是,"3+2"法会根据任务完成所需的时间来定义每项任务。大任务可以在两个小时内完成,小任务则可以在30分钟内完成(那些超过两个小时才能完成的任务,通常可以被分解成更小的任务)。

"3 + 2"法的这一特性使其可以与番茄工作法和时间盒(time-box)等常用的时间管理法兼容。

例如,你可以安排四个番茄钟(每个番茄钟包含25分钟的工作时间和5分钟的休息时间)来完成你的一项大任务。分配好时间盒能使你有时间完成较小的任务。

25分钟工作
5分钟休息、

"3 + 2"法通过限制任务清单的范围来提高你的注意力。因为只需要处理 5 项任务，你就会受到较少的干扰。你不再纠结要去做什么，因为你不需要从众多选项中做出决定。

这种方法还可以减少不必要的任务切换。它减少了需要关注的任务数量，来回切换的可能性也就因此降低了许多。你将专注于一项任务，直到完成它或无法进一步完成。这降低了切换成本，以及在无关任务之间跳跃而造成的效率损失。

"3 + 2"法并非没有缺点。例如，它没有提到为每个待办事项提供具体的说明。鉴于你的待办事项清单只有如此少的选项，这些具体说明似乎并不重要，但是具体说明仍然有助于确保你尽可能早地完成最重要的工作。

此外，"3+2"法没有提到每天的 5 项任务究竟是如何被选出来的：它们怎么生成的，又是如何被挑选的？它们是被从主清单中选出来的，还是在每天开始时被思考得出的？

这些问题没有具体的答案。

该方法的另一个缺点是缺乏灵活性，相对死板而不能适应每日复杂的情况。

假设明天是完成一长串小任务的完美日子，每项小任务只需几分钟即可完成：你要支付账单、邮寄 Netflix（一个视频网站）DVD、安排牙医预约、给朋友发电子邮件、清理主卫等。但"3 + 2"法不允许这种类型的安排；按照这种方法，你只能选择两项小任务来处理。

就个人而言，如果使用"3 + 2"法，我会这样做：把想到的每个项目写到主清单中。我会具体确定每个项目的范围，并设定具体目标。我将设定截止日期并添加任务的详细信息。每天晚上，我会为第二天选择三项大任务和两项小任务。这种方法远不够完美，但以上是我使它尽量优化的方式。

05 "1-3-5"法

"1-3-5"法是上文描述的"3 + 2"法的扩展。在这里，你可以选择 1 项大任务、3 项中型任务和 5 项小任务，以便在白天完成。虽然"3 + 2"法将你的注意力限制在 5 项任务上，但"1-3-5"法的好处是将任务的数量扩大到 9。

这种方法的第一个优点是，它提供了比"3 + 2"法更多的灵活性。它不仅允许你选择每天完成更多的项目（9 个 VS. 5 个），还提供了 3 个类别，而不仅仅是两个。含有"中型"任务非常有用，因为它可以帮助你更好地管理日常流程。

例如，假设你有一项任务，需要 45 分钟才能完成。使用"3 + 2"法时，它不属于大任务的定义（需要一两个小时），也不属于小任务的定义（需要 30 分钟或更短的时间），而"1-3-5"法能将这些任务也安排起来。

这种方法的第二个优点是，它鼓励你专注于高价值的任务。在这方面，它与"3 + 2"法有许多共同之处。因为清单中包含的项目数量有限，所以你会更倾向于列出那些具有高优先级的项目。

第三个优点是，你不会因过度乐观而陷入困境。我们普遍认为自己可以在一天内完成比实际更多的事情。因此，我们会将大量任务塞进清单中，其中的许多任务却总是无法完成。通过将任务数限制为9，"1-3-5"法解决了这个问题。

正如你可能已经猜到的那样，"1-3-5"法与"3 + 2"法一样存在缺陷。①它没有提到为待办事项提供更详细的背景信息。②它没有提到从中选择9项日常任务的主清单。③这种方法不允许使用批处理任务清单。

我们将在下文中讨论更多关于批处理任务清单的信息。现在，你只需知道它是优质的任务管理法的重要组成部分就足够了。

进行一些修改，"1-3-5"法可以成为一种有效的制作清单法。我将在本书后面的部分向你展示更高效的方法。

现在，请记住此方法的基础知识，你可能打算把其中一些元素加入自己的任务管理法中。

06 基于项目的清单法

这种方法需要将待办事项清单进行分类,依据的是项目之间的相关性。你将设计出多份清单,每个项目对应于一份清单。

例如,假设你想要改造厨房。你将使用以下任务为此特定项目创建清单。

- ☐ 规划新厨房的布局
- ☐ 选择你想要的橱柜类型
- ☐ 选择你首选的台面材料
- ☐ 选择灯具
- ☐ 选择防溅墙
- ☐ 列出要替换的设备
- ☐ 寻找符合新厨房设计的新冰箱
- ☐ 致电三名承包商,确定意向

你也可以为其他要做的项目创建单独的清单,例如购买新车。

- ☐ 确定你的预算花销
- ☐ 锁定你喜欢的品牌和型号清单
- ☐ 缩小到三个品牌选项
- ☐ 咨询汽车经销商
- ☐ 试驾汽车
- ☐ 协商价格
- ☐ 找到最佳付款方式
- ☐ 获得贷款审批
- ☐ 签署合同最终取得车辆的所有权

任务场景和详细说明是这种方法中固有的，因为你的清单本就是根据项目组织的。一份特定清单中显示的所有任务，都与你的目标直接相关。

该方法的一个优点是，它可以让你直观地了解正在进行的多个项目。如何选择待处理任务，取决于你选择继续推进哪个项目。

但基于项目的清单有一个缺点是，它很少涉及与

"你如何度过一天"有关的内容。你可能会从多份清单中选择任务,而不是选择使用已创建的单一清单来最大限度地提高工作效率。这样会产生太多的选择和可变性。有太多选项时,任务切换及其伴随成本也会随之而至。

另一个缺点是每项任务的有限背景。在上面我们提到过,任务场景是该方法中固有的,但它完全由项目定义,而任务本身没有给出相关场景,如完成它们所需的时间、它们各自的优先级或处理它们所需的资源等。

你可能还注意到了,该方法也没有提到批处理清单(我们将在后文讨论批量处理清单)。

与我们迄今为止所讨论的其他制作待办事项清单方法一样,该方法可以有效,但它也有一些重大缺陷。

在任务管理方面,我们可以做得更好。

07 3-MIT 法

你可能对这种方法很熟悉。它由里奥·巴伯塔（Leo Babauta）在 ZenHabits.net 上推广而出名（他坦言，这种方法也并非自己的原创）。

MIT 是 Most Important Task 的首字母缩写，意即"最重要的任务"。这是你待办事项清单中最高优先级的项目，是在特定日期内必须完成的事。

最初的方法要求确定一项重要任务，以排除其他一切干扰，专注于完成此任务。只有在完成后，你才能将注意力转向其他项目。

"3-MIT"法是一种常见的变体。事实上，它可能比单一 MIT 更常见，因为它对更多人来说更实用。

顾名思义，你可以在一天中选择并集中于 3 个高优先级的任务。无论发生什么，你必须完成这三件事。

完成 3 个 MIT 所需的时间并不固定，你可能会提前完成——这样你将有足够时间来完成其他任务。当然也有可能为了完成3个MIT，有几天你必须工作到很晚。

与其他任务管理方法一样，"3-MIT"法的有效性在于其执行——它将所需要的详细信息留给用户去定义。

例如，你如何选择3个MIT？你是否将它们与特定目标联系起来并提供相应的任务场景？你是否提前估计每项任务需要花费的时间，以便根据自己的日程安排来避免安排过量的任务？如何将MIT与日历整合，以确保任务获得所需的时间和关注？你如何及时完成某些小而重要的任务？

你可以看到，这种方法是开放式的。它定义了一些指导原则，在应用方面又提供了相当大的灵活性。不幸的是，如果你目前正在努力处理待办事项清单，那么这种自由度可能是一种负担——它带来了太多的自由。

如果你正在拖延症中挣扎，经常被分心所困扰并且缺乏动力，那么开放式的任务管理方法并不是好的解决方案。规则明确且自由度较低的结构化方法可能更有用。

但值得一说的是，每天只关注少量几个 MIT 是一种实用的想法。你可以把这个想法融合进自己的任务管理法中，作为设计清单的一部分。所以，在你探索如何创建完美的待办事项清单时，请记住这种方法！

让我们快速介绍目前常用的最后三种任务管理方法："便利贴"法、"四象限"法和"搞定"法。

08 "便利贴"法

与我们迄今为止讲过的方法相比，"便利贴"法是一种更直观的任务管理方法。如果你喜欢直观看到处在各阶段的项目和任务，那么这是一种很棒的待办事项清单法。

以下是它的工作原理。拿一块软木板和一堆便利贴，将木板分成三列：左栏为"待办"，中间栏为"进行中",右栏为"已完成"。

通过"便利贴"法,你能直观看到一个任务的发展方向。

"便利贴"法包括以下几个步骤:在便利贴上写下每项新任务(一项任务使用一张便利贴),并将其粘贴在"待办"列中。它会一直在那里,直到你准备着手解决它;当你开始处理任务,便将这张便利贴移到"进行中"列;完成任务后,将便利贴移至"已完成"列。

相比其他方法,这种方法具有一些明显的优势。

第一，它直观显示了项目和任务。你可以从中轻松识别需要立即关注的高价值任务，也可以根据截止日期轻松确定任务的优先级。

第二，"便利贴"法允许你跟踪单个任务的进度。你可以一眼就看出任务是待办、进行中还是已完成。

"便利贴"法的第三个优点是，任务之间可以轻松建立关联。便利贴可以被随意挪动，放在适当的位置，从而你很容易看清楚某个任务在整个任务流中处于何种地位。

第四，你可以使用不同颜色的便利贴来表示不同的优先级。例如，高优先级项目使用红色，中优先级项目使用黄色，低优先级项目则使用蓝色。"便利贴"法最大的优势就在于其视觉呈现。

你当然不必限于软木板和便利贴这两种材料，在白板或者黑板上安排任务也可以达到同样的效果。但请记住，白板将限制你根据不断变化的优先级和自己的时间重新安排任务的能力（因为你需要重新书写任务，而不是将便利贴撕下再粘上）。

在过去几年中，出现了许多可以在线使用的"便利贴"法。你不再需要将软木板挂在墙上或立一块白板。你可以使用 Trello、KanbanFlow、LeanKit 和 Kanbanote 等应用。(这些应用程序有各自的优点和缺点。如果你有兴趣在线使用"便利贴"法，我推荐 Trello，它免费且易用。)

使用"便利贴"法的一个缺点是很容易丢失小任务。例如，假设你的主清单包含超过 100 个尚未处理的项目，那么在单一线性格式组织的"便利贴"法中，这些项目将无规律地呈现（它们可能统统被放在"待办"栏中），以至于你很可能忽视其中一些高价值的任务。

颜色编码是一种有效的解决方案，不同的颜色可用于显示任务的优先级。但即便如此，你监控大量待办事项的能力也会受到限制。

"便利贴"法有很多值得关注的地方，但它并不完美。请注意其基本功能和特征，并考虑如何将其中一些功能整合到你自己的待办事项清单方法中。

09 "四象限"法

"四象限"法由畅销书《高效能人士的七个习惯》(*The Seven Habits of Highly Effective People*)的作者史蒂芬·科维(Stephen Covey)推广,这种方式也被称为"艾森豪威尔盒子"。无论是"四象限"法还是"艾森豪威尔盒子",它们的原则和本质都是一样的。这是一种用于在冲突性的任务间分配时间的工具。

矩阵由四个象限组成,如下所示。

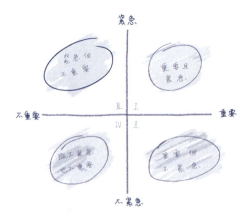

任务根据各自的优先级被分配到不同的象限。放置在第一象限的那些任务应立即处理；第二象限中的那些任务则不那么可怕，但应该安排在不久的将来完成；第三象限中的任务可以委派给其他人；第四象限中的任务可以放弃。

这种方法提供了一种简便的方式来查看哪些待办事项值得关注，而哪些是可以忽略的。通过这种方法，你能够便捷地识别出与你有关的最重要的项目，这些项目将出现在第一象限和第二象限中；你同时也能够排除那些影响微乎其微的项目，这些项目将出现在第四象限中。

例如，一个即将到期的项目（例如今天16：00）被放在了第一象限中，那么它需要你立即注意。

你的每周复盘可以放在第二象限中：这很重要，但可以等一等再来做。那么现在可以先将这项任务安排一下，以防之后便忘记了。

参加会议可能非常适合放在第三象限。这是紧急的，因为它会在预定的时间发生，但它对你的价值可能只有很小的一点点。你可以尝试让别人来你的所在地参加会议,以减少不必要的时间浪费。

回复销售人员的电话或短信应该降级到第四象限。这项活动既不紧急也不重要,就算你没有解决它,不会因此遭受什么重大损失。

"四象限"法的优势在于它鼓励你专注于与自己目标一致的任务。当你查看四象限时,你会发现自己经常问"这项任务是否必要",不会因放弃那些不必要的任务而感到自责。你最终会花更多时间在高价值任务上,而相应浪费在低价值任务上的时间也就更少了。

当然,这种方法也有缺点,其中一个缺点就是它不要求你为四个象限中的任务提供具体细节,不会提到每项任务需要多长时间才能完成,也不会提到它与其他任务和项目的关系。

另一个问题是,四象限中的任务可能会不断增加,而出现过多选项。也就是说,你可能会在第二象限中找到大量任务,并且由于时间有限,你很难选择要处理哪些任务。

与"便利贴"法一样,尽管"四象限"法存在缺陷,但许多人仍然喜欢用。你可能也会发现它某方面的功能非常适合自己的工作方式。

在下一章中我们将创建个性化的待办事项清单,来帮助你完成重要的事情。但在这之前,让我们来看看最后一个,也可以说是最受欢迎的任务管理法——"搞定"法(Getting Things Done,GTD)。

10 GTD法

戴维·艾伦(David Allen)的GTD是当今最著名的任务管理法之一。有趣的是,它广受欢迎,但批评者也不比拥护者少(我们马上就会知道为什么)。

以下是关于GTD的简单介绍。

你有很多任务被存放在大脑的仓库里,其中大部分任务在任务背景、优先级和预期结果方面仍未分类。

例如,你可能会想到哥哥的生日、厨房里的纸巾短缺，以及你女儿即将举行的钢琴演奏会。你可能会花费精力来研究给汽车加油、修剪草坪、购买喷雾剂来处理浴室里的蚂蚁等。

同时，你的牙也很疼，这意味着你要去看牙医了。你也感到背部酸痛，因此就连去看医生（先去看牙科还是骨科）也要有个先后顺序。你的脑海里还有一个声音小声地说，日常锻炼应该被放在更重要的位置。

这些思绪飘浮在你的脑海里。因为没有采取行动的具体计划，所以这些思绪会一直留在那里。我们希望完成这些工作，但根本无法让自己集中精力去完成它们——这些思绪会不断造成压力。

GTD 试图将这些思绪从大脑中赶出去，放进清单里面，它让每个项目都变成可操作的。当我们把项目写进主清单中时，要花时间根据项目的具体场景组织它们。我们需要做的是创建多份清单并将项目放在它们所属的位置，同时每周进行一次回顾，以保持我们处理的是那些最重要的事。

这是对 GTD 的简化版解释(简化的版本已经足以说明我的目的了)。

该方法显示了几个重要特征。第一,它强制你为每项任务添加情景。这是将所有内容"转储"到主清单,然后将任务移到其他更精确清单的过程中所必需的。

第二,它根据重要性将任务分离。GTD 的一部分涉及创建"下一步行动"(next action)清单和"以后再说"（someday/maybe）清单。这两者都很有用：前者鼓励你继续推进重要工作，后者允许你捕捉可能具有价值的想法（当然，在确定这个想法的价值之前，你需要更仔细地进行考虑）。

第三，GTD建议每周进行一次回顾。这样的回顾不是让你做事后诸葛亮，而是复盘上一周的具体工作，并从中总结经验。艾伦认为这是通过使用GTD获得成功的关键之一。

第四，GTD十分灵活。GTD只提供了制作待办事项清单的结构，但它并不强迫你遵守特定的策略。它提供了一个框架，这就为你创建个性化的清单提供了足够的灵活性。

从GTD的特点和功能来看，使用时也会遇见一些挑战。

第一，它更专注于处理你头脑中的想法，而不是真正意义上的完成它们。

第二，它没有充分注意到大脑中的项目是怎样和真正需要完成的目标发生关联的。虽然为项目提供了情景并将它们放在清单之中,但你并没能将它们与特定目标联系起来。

第三,GTD 固有的灵活性对某些用户不利。通常,用任务管理来与惰性斗争的人需要更多的限制选择条件,而不是高自由度。这些限制可以帮助他们控制坏习惯并改善注意力(很遗憾,GTD 没有做到这点)。

第四,使用 GTD 时很容易被"反噬"。GTD 可以有效地把任务从你的脑海中提出来并写到纸上(或者放到在线应用程序中);但问题是,并非你头脑中的所有东西都值得在清单上占有一席之地。其中大部分内容实际上与你的目标无关,还会浪费你的时间。记录下每项任务可能会让你感觉被琐碎的小事所吞没。

GTD 作为组织任务和创建清单的方法很受欢迎,这是毫无疑问的。但你研究得越多,就越可能发现许多人尝试并放弃它的次数也相当多。

那么,我们自然想知道:"GTD 真的有效吗?"下面就是对这个问题的仔细研究。

◎ GTD 法是否有效

GTD 是在你第一次采用时看似非常有效的方法。你花了很多时间从头脑中获取信息并根据任务场景组织它们。这是确定重要工作的关键步骤。事实上，这减轻了你的压力（显然，要记住所有的任务会令人精神紧绷），说明 GTD 法是有效的。

然而，随着时间的推移，你可能会对 GTD 失去兴趣。很多人都是这样。GTD 把关注点放在"下一步行动"上，却因此使得我们在项目层面不知道何去何从。你会觉得自己像一个总是做快餐的厨师，不断考虑"下一步行动"，而没有机会停下来思考关于未来目标的更大图景。

另一个问题是，GTD 没能提供如何在冲突任务中进行选择的方法。GTD 中没有合适的任务管理法确保我们完成重要工作，并把不重要的工作放到一边。

GTD 在将任务附加到特定目标方面也很薄弱。由于该方法努力关注"下一步行动"而不是整个项目，因此一个目标和其他目标的联系一开始就被切断了。

由于缺少对项目内容和过程的强调，GTD 在目标设定和目标实现上也缺少有意义的准则。

有些人认为，设定目标不仅是不必要的，也是无用的，从长远来看甚至有害。我不同意这种观点，我相信目标能够为我们的行动提供愿景、焦点和动力，同时它们也是衡量我们进步的标准。

在我看来，GTD 最大的缺点就是它没有区分高价值任务和低价值任务。GTD 优先考虑的是完成工作，而很少关注完成的事情是否正确。

人们是否有效地使用 GTD 创建清单并成功地管理了任务工作的流程呢？显然是的。但正如许多人意识到的那样，GTD 在很多方面都不够好（例如我上面描述的那些方面）。

GTD 并非没有实用或对你有帮助的功能。我鼓励你从中寻找那些可能对自己的清单有用的东西。

在下一章中，我将向你展示如何创建有效的待办事项清单。让我们一起从头开始构建它吧！

第5章

如何创建完美的
待办事项清单

我们学到的东西现在派上用场了。在这一章中，我们将运用前面提到过的所有知识一起来构建一套有效的待办事项清单系统。

在这套任务管理系统下，你将更轻松地按时完成最重要的工作。它将帮助你减轻压力和挫败感，并使你集中注意力，而且能够防止在工作中分心。

大多数人都低估了清单的重要性，低估了它可能给工作效率带来的提升空间。在阅读这章内容时，我鼓励你去"重新发现"清单，仔细体会在日常工作进程中，它有多么重要。有效的任务管理方法不仅可以帮助你推进工作流程，还可以帮你协调日常生活。

现在就让我们开始吧！

第1步：从任务中分离出当前任务

在第4章第10小节中，我们谈到戴维·艾伦的GTD法的优势之一是它使用了多个清单。它主张使用两份清单：一份是"下一步行动"清单，另一份是

"以后再说"清单。

我们可以改进这种做法来进一步提升工作的效率和价值。

首先,使用"当前任务"(current task)清单来决定如何分配每天的时间和注意力。此清单记录的必须是当天要完成的待办事项。

其次,使用"未来任务"(future task)清单来跟踪需要你关注的所有项目。在工作时间内,你不会使用此清单,但在一天结束时,你可以参考它来创建第二天的清单。

将当前任务与未来任务分离的这一简单步骤至关重要。它可以帮助你实现显著的跨越——从被大量任务(包含不同优先级和最后期限)压到不堪重负转变为能够按时完成高价值工作。

许多人依据单一、内容庞杂的清单处理工作,这些清单则会随着新项目的添加而逐渐变长。这样下来常常会让人陷入沮丧之中,因为任务似乎看不到尽头。那些以这种方式工作的人从来没有设法完成过他们的清单，所以他们总会觉得工作毫无进展。

分离当前任务和未来任务则绕开了这种感觉：大量的未来任务被剥离出来，因为你本就没有必要在当前一天的工作时间内注意它们。作为替代，当前任务清单将成为你的关注焦点。它的范围有限——只携带那天要完成的物品——这将减轻你的压力并消除强烈的焦虑感。

与 GTD 中使用的"下一步行动"清单相比，这里提到的"当前任务"清单略有不同。GTD 所用的"下一步行动"清单不会将你的注意力限制在当天。正如 GTD 的创建者戴维·艾伦指出的那样，它旨在列出"下一个需要参与的有形活动，使之离最终完成更进一步"。因此，"下一步行动"清单可能仍然有好几页。

这个区别很重要。你会发现，完成每日清单是可实现的，它将激励你不断把任务从清单中删除，直到工作一天之后清空所有任务。你会感到度过的一天是成功且高效的。

你将不断体验到完成任务后的积极情绪反馈。

第 2 步：根据期望的结果确定任务

我们努力的唯一理由是，这样做会让某个目标更可能实现。例如，很少有人在空闲时间学习微积分。大多数人这样做是为了完成学业、准备考试或拓展技能。

同样，很少有人清理屋顶的雨水槽以获得乐趣——他们这样做只是为了防止雨水损坏屋顶。

我们会采取行动以产生具体成果。否则，为什么我们会花时间和精力去做这些枯燥的事，而不去寻找更有乐趣的事情（例如，刷我们最喜欢的电视剧）？

在运用待办事项清单的时候，让我们想想"内在动机"会带来什么影响。你长久没有完成某项任务（甚至没有任何一点进展），是不是因为任务对你来说不重要？更可能的情形是，这项任务没有被附加到你想要实现的特定目标中。

完成每日清单的最简单方法是为清单上的每个项

目指定"原因"。你要知道该项目存在于清单中的原因，确定为什么要完成它，然后在任务旁边写下原因。

例如，假设你的待办事项清单中包含"给父母打电话"这一项目。你可能给他们打电话只是想问问他们最近过得怎么样。或者，你可能想请他们一起吃饭或问问他们与家里有关的一些事。

关键是，给父母打电话是为了实现某个特定的目标。请写下那个目标或你期望的结果。如果你认识到任务存在的原因，将更有可能完成它。

仅仅在脑子里记住要做某件事的原因是不够的，你必须写下来，这样做会使任务具体化。写下来的理由比在脑子里忽隐忽现的理由更可靠。

当你将任务与特定结果联系到一起时，会感到更有必要完成这项任务。采取行动将意味着你希望实现自己的目标（而它对你来说是重要的）。

这是有效待办事项清单的特征之一。

第 3 步:将项目分解为单个任务

你可能听过这个笑话:如何把大象放进冰箱?答案是分三步:打开冰箱、放入大象、关上冰箱。

它说明了与任务管理相关的重要概念。完成任何项目的方法都是先将其分解为各个组成任务。完成了项目所需的各项子任务,这个项目自然就向前推进了。

你可能在直觉上已经知道了这一点,但问题是,如何将该原则应用在自己的日常清单中?

当我们面对一个大型项目时,我们很难知道从哪里开始。因此,我们更容易分心。当我们缺乏方向和动力时,我们很难专注于某个领域并去努力,这时分心自然就占了主导地位。

这就是许多待办任务在一天结束时仍未完成的原因。它们是真正意义上的"大"项目。它们的范围太大,看起来会压垮我们,这就导致了我们的持续拖延。我们最终会将它们放到第二天的待办清单中,让它们继续扰乱我们的思绪。

如果我们不花时间将项目分解为更小、更易于管理的部分,那么这种"驱动力丧失"将日复一日地上演。

我们来看一个例子。

假设主清单中的一个项目是"打扫房屋"。这个项目可能需要数小时才能完成。作为单个项目列出,它的难度是巨大的,我们很难知道从哪里开始。

因此,让我们将项目细分为较小的任务。每项任务都有重点,并且可以在更短的时间内完成。下面的清单是一个简易的版本。

- ☐ 洗碗
- ☐ 清洁厨房台面
- ☐ 用拖把清理厨房地板
- ☐ 清理楼下的浴室
- ☐ 清理楼上的浴室
- ☐ 吸地板的尘土
- ☐ 打扫其他地方的灰尘

请注意，上述每项任务都是可操作的。而且重要的是，任务之间也是相互独立的，你无须按任何特定顺序处理它们。

这使你可以灵活安排完成任务的时间，而不是留出 4 个小时来"打扫房屋"。你可以留出 10 分钟洗碗，15 分钟用拖把清理厨房地板，30 分钟清洁楼下的浴室。

将项目分解为更小的任务，使它们看起来更可行。它还允许你根据优先级和价值将有限的时间和注意力集中在特定任务上。例如，洗碗可能是一项高优先级的任务，需要你立即关注。同时，吸地板的尘土推迟到明天也没有问题。

分解任务是很重要的。

你应该确保清单中仅有可操作的任务，而不是大型项目。如果一个项目需要多个动作，那么这个项目自然可以（而且也应该）被分解成小任务。把任务揉碎，你才能更好地关注并完成重要的工作。

第 4 步：设定每个任务的截止日期

我想你应该已经知道了截止日期的重要性：它帮助我们将时间和精力集中在重要任务上，同时帮助我们组织日程，还鼓励我们采取行动。有研究结果显示，截止日期可以提升我们的表现。

最终，设定每项任务的截止日期提高了我们的工作效率，促使我们完成重要的工作。

因此，主清单中的每项任务都应该有一个与之相关的截止日期。这个日期不一定是一成不变的，它可以随着附加任务的优先级和紧迫性而改变。

日期也不一定要十分精确。你的任务清单可能包含需要在未来某个时候解决的待办事项，但现在我们可以先把它放一放。如果任务在几个月内未到期，则"8月中旬"的到期日可能就足够了，而不一定需要是"8月14日"。

为主清单中的每个项目附加截止日期，可以让你更轻松地了解要为每日清单选择的任务。你可以一眼就看出哪些任务明天需要你注意，哪些任务可以搁置到很久以后。

话虽如此，但仅设定每项任务的截止日期是不够的。设定截止日期的方式同样重要。它会影响你的情绪、动力和专注能力。你的设定策略将决定它是否有效。

这里有一些小提示。

第一，确保每个截止日期都是可实现的。为任务设定不可能的截止日期没有任何好处。这样做只会给你带来压力、沮丧和挫败感。

第二，思考每个截止日期被这样安排的理由。例如，假设现在是夏季，你的孩子需要进行牙科检查。你可能希望在 8 月 31 日之前预约牙医，以确保在孩子返回学校之前完成检查。这就是你采取行动的理由，而这个理由使截止日期变得真实而有意义。

如果没有设定截止日期的具体事由（也就是说，日期是任意选择的），那么你采取行动的驱动力也就会减少。紧迫感需要人为制造。

第三，给自己预留的时间应少于你认为需要的时间。我在第 3 章中提到了帕金森定律，这个定律告诉我们："如果留给任务的时间变得充裕，我们会主动降低工作效率，一直磨蹭到截止日期为止。"我们倾向于预留过多时间来完成工作。你会发现，缩小时间区间可以提高注意力，从而提高工作效率。

你没有理由害怕截止日期。相反，你应该期待将它应用于主清单的每个项目中。它会帮助你避免分心，并为你提供推进重要工作所需的动力、灵感和精力。

第 5 步：将当前任务的数量限制为 7 个

待办事项清单最常见的问题之一是它们太长了。使用者从少数任务开始，最后总是增加到几十个。这也难怪大部分人无法通过待办事项清单知道自己想要做什么——从如此庞大的清单中发现应该做什么，几乎是不可能的！

这种情况也尚可理解。在任何一天中，我们都会构思新的项目，并从中产生新的任务。

但这并不意味着你应该将这些任务添加到你的日常任务清单中。事实上，这样做会让自己陷入失败之中。

我强烈建议将每日清单中的任务数限制为 7 个——这是一个可管理的数字。假设所有任务都用不了几个小时就能完成，那么你可以在一天结束时再浏览整个清单。

我们在第 4 章中讨论了"3 + 2"法和"1-3-5"法。这两种方法都限制了每日清单中显示的任务数量。两种形式的限制都使任务管理变得更精简。它们使清单变得简短，所以你可以每天完整地过一遍任务清单，而避免了那种令人喘不过气的失败感和自我负责感。

让我再解释一下"限制任务数量"可能带来的问题。我们说到将每日清单上的任务限制为 7 个，但你可能想知道，按照这个速度，你将如何完成主清单中的数百项任务（而且这个数字每天都在增长）。

"限制为 7"的建议仅涉及至少需要 15 分钟才能完成的任务。你会发现主清单上的许多任务都可以在一两分钟内完成。以下是几个例子。

- ☐ 整理床铺
- ☐ 检查语音信箱
- ☐ 整理邮件
- ☐ 开始洗衣服
- ☐ 预订晚餐
- ☐ 订阅时事资讯
- ☐ 给某人回电话
- ☐ 在 Wordpress 博客中添加插件
- ☐ 整理桌面

这些是"微任务",不属于你的日常待办事项清单。为什么?因为它们可能导致清单增长到几十项任务。

在关键任务之外,我建议保留一个"批处理清单"。我们将在下一章中更详细地讨论相关做法。现在,你需要认识到的是，"整理邮件"这样的微任务不应该是日常待办事项清单中的 7 项关键任务。

第 6 步：按项目、类型和地点组织任务

很多人将主清单视为什么都能装的"任务仓库"，想到了什么新任务都可以添加到清单的末端。问题是，如果你总是这样处理待任务清单，最终会几乎不可能完成。

即使你设定了每个项目的截止日期并提供了各种类型的背景说明，清单上的任务也会随着时间的推移而变成你的负担。你会发现管理任务变得越来越困难，最终大多数任务只能在清单上沉寂。

想象一下，如果你需要检查 20 页的待办事项，那将是多么艰巨的任务。学会如何创建有效清单之前，我在查找特定任务和管理与之相关的项目上花费了太多时间。而现在，我不再被这种情况所困扰。我会根据各种情况组织任务：项目、类型和地点。我相应地

保留了多份清单（请注意，这些清单与我的日常待办事项清单是分开的）。

任务的具体说明是待办事项清单的重要组成部分。它确定了完成项目所需的时间，提醒你完成它们的原因，鼓励你专注完成根据自己目标设定的具有最高优先级的任务。

出于这些原因，我们从以下三个方面对主清单中的每项任务进行分类。

1. 项目
2. 类型
3. 地点

我建议为每个项目、每种类型和每个地点创建一份单独的清单。例如，以下项目将各自有一份清单（按项目分）：

☐ 写一本书

☐ 厨房改造计划

☐ 买一辆车

以下类型的任务也应各自有一份清单（按类型分）：

☐ 分析工作
☐ 创造性工作
☐ 无意识的重复工作

同样，可以按照处理任务的地点分类：

☐ 在办公室
☐ 在家
☐ 在路上

按项目、类型和地点对待办事项进行分类将使你保持井井有条。它还可以帮助你选择日常清单中的任务，以补充你的具体情况。

例如，"收拾起居室"显然是基于地点的任务——你必须在家做这件事；如果你计划全天在办公室，则不能将此项添加到每日清单中。

某些任务可以分配到多份清单中，而且这样做常常会有好处。

让我们设想有"写一本书"这样一个项目。这个项目最初部分的任务之一是"编写第 1 章的初稿",这便是按照项目分类的。但是,如果你只能在家里进行写作,那么它应该按地点分类。此外,写作是需要精神能量的创造性工作。因此,按活动类型对其进行分类可能是有用的——等到精力水平很高时,你才在日历上安排它。

如果你在纸上创建待办事项清单,将任务分配到多份清单中可能会有问题。一种解决方案是用颜色来"编码"任务。

例如,"编写第 1 章的初稿"任务可以在"写一本书"项目下找到,那么你就没必要再针对项目进行颜色编码了。但你可以使用彩色笔分配地点和活动类型:红色可以表示"在家",蓝色可以表示"创造性工作"。

当然,这是一个不完美的解决方案,更好的方法是使用在线工具,例如 Todoist。它提供了标注和标记功能以及多种颜色,可以轻松地按多个情景组织待办事项。

另外还要提到的一点是,你可能会发现为高优先级、高价值的待办事项保留单独的清单很有用。有些人将此称为 HIT(high-impact task)清单或高影响力任务清单。

就个人而言,我认为 HIT 清单是没必要的,因为我已经为各清单中的每个项目分配优先级,那么就无须再为高影响力项目创建其他清单。这会阻碍我的工作而不是提高效率。

但如果你发现 HIT 清单有助于工作流程,你也可以尝试这种做法。请记住,我们的目标是创建一个适合你的任务管理方法。

第 7 步:"修剪"多余的任务清单

你需要保持主清单整洁(这也是清单管理中最重要的事情之一),比如定期"修剪"清单,删除不再需要或重复的任务。否则,在你每天向清单中添加新任务之后,它很快就会变得难以管理。

修剪清单可以帮助你控制它。你将能够更轻松地识别重要项目及与其相关的任务。当不相关的项目被删除或从清单中划掉时，任务管理也就变得更简单了。

修剪也可以提高效率。它将主清单的内容限制为推进你最重要工作的任务，因此你不会浪费宝贵的时间和精力去做非必要的工作。

什么类型的任务应该作为"待删除"的备选项呢？你可以找找以下这四类项目。

1. 愿望
2. 含义不明确的任务
3. 琐碎的任务
4. 承诺和决心

愿望通常被表述为项目，而不是可操作的任务。例如，你可能希望"改造厨房"，也可能希望"明年夏天带家人去考艾岛（Kauai）"。愿望的表述常常过于宽泛，而且通常对于实现明确的目标没什么帮助。因此，应将这类任务从主清单中删除（把它们移到愿望清单中吧）。

含义不明确的任务是指缺乏细节和背景的任务。它们放在那里时，不会引起你注意，而你注意到它们的时候，事情就已经变得糟糕了。

一个例子是"给约翰打电话"。但为什么需要给约翰打电话？这样做将如何推动你的工作向前发展？没打电话会有后果吗？如果有，后果是什么？

如果主清单中的任务不清楚，那么请根据自己的目标重新评估任务价值——总之，它很有可能是可删除的任务。

再看琐碎的任务，删除这类任务不会对你的计划产生影响。它们更像是随机出现的事件，突然从脑海中浮出来并在遗忘前被及时记录了下来。你的主清单会累积很多这类任务。主清单的用途就是从你的头脑中提取出那些难以记忆和组织的任务。但是如果仔细研究，你一定会发现许多这样的任务，也应该把它们从清单中删除。

下定决心去做什么，这只是一种承诺。它与平常的待办事项不同，因为这通常需要习惯的改变。例如，你可能会下定决心去"运动""减肥"或"学习西班牙语"——有这样的目标很正常,但不要将它们与可操作的任务混淆。

请从主清单中删除所有这类表达承诺或决心的任务,因为它们不属于那里。相反,应该把它们放在单独的"生活方式目标"清单中,并视为独立的项目;等到你准备好认真对待其中一个时,再为其创建单独的清单,把项目分解为小型的、可操作的任务并设定截止日期。

我们看到一份庞大而烦琐的主清单时,常常会感到挫败。如果你允许它不受限制地变长,它就会慢慢削弱你的动力,侵蚀你的创造力。定期删除不必要的任务,保持清单的整洁,让清单上的任务都指向特定的目的,这种做法能让你的清单更加生动。

通过定期修剪,你能够更轻松地识别日常待办事项清单中的重要任务,还可以在无关紧要的项目上花更少时间,从而大大提高工作效率。

第 8 步：估算完成每项任务所需的时间

你应该清楚主清单上的每个待办事项需要多长时间才能完成。你可以以此为依据，为每日清单选择对应的任务，规划每日时间。如果你能清楚地估算完成每项任务所需的时间，就可以创建近乎完美的待办事项清单，从而避免让自己背负着需要延续到第二天的任务。

大多数人忽视了"估算"这一步，而这对于任务管理来说无疑是最具破坏力的。这一步决定了我们能够完成待办事项清单，还是在一天结束时发现被无边无际的任务吞没而陷入沮丧。

为了估算完成任务所需的时间，你必须知道执行这项任务需要用到什么，通常包括使用的工具、需要的信息和来自其他人的不确定因素。

假设清单中的任务之一是"为老板做出应收账款报告"。为了完成报告，你可能需要从公司的销售部门获得数据，也可能还需要参考上周的应收账款和现金流量表。你需要多长时间才能获得必要的信息和资源？你在估算完成任务所需的时间时需要考虑这些因素。

具体应该怎么做呢？

你应该检查主清单并确定每个项目的估算时间。需要15分钟还是3个小时？无论多少时间，都请在任务旁记下估算值。

你需要抵制"能力高估"的诱惑。我们应该注意到这样一种倾向，就是我们往往对完成工作的能力估计得过于乐观，而低估了需要消耗的时间。

根据你需要的资源（包括来自其他人的不确定因素）以及你可能遇到的挑战，提出实际估算。

如果你熟悉该任务、了解所需的资源以及完成该任务所需的时间，通常就能确定合理、准确的估算值；如果你不熟悉该任务，那么请与过去参与其中的人聊聊，询问别人通常需要花费多少时间。

当你确定主清单中待办事项的预估时间时，你将面临一个有趣的难题：我在上面指出，我们倾向于乐观估计，从而低估完成任务所需的时间，但同时我们也倾向于给自己太多时间来完成任务。

以修剪草坪为例，假设真实的完成时间是 45 分钟。在乐观的情况下，我们说服自己，可以在 30 分钟内完成这项工作。但因为没有紧迫感，我们会给自己留出 1.5 个小时。

这种"宽大处理"是危险的，因为它会损害我们的工作效率。回想一下帕金森定律："我们会降低效率以拖延时间。"虽然你可以在 45 分钟内修剪完草坪，但如果你允许自己花很多时间，你就真的需要用 1.5 个小时。

在为待办事项分配预估时间时，请牢记帕金森定律，它会帮助你减少完成任务的时间。你将能做更多的事，并有更多的空闲时间来追求其他兴趣。

第 9 步：使用主动动词引导每项任务

有时候，你需要的只是恰到好处的词语来刺激行动。动词有这种力量：把动词放在待办任务的前面时，你更可能完成这些任务。

当你使用动词表达时,任务就会立刻生效。动词能将清单中的文字变为可操作的任务;它能触发大脑中某个部分,促使我们专注于完成任务。

我们来看几个例子。以下是缺乏动词的任务。

☐ 衣服
☐ 桑德拉的生日蛋糕
☐ 应收账款报告
☐ 汽车轮胎
☐ 早餐

你应该能体会到这样的任务缺乏情感和动力。我们可以通过添加动词来解决这个问题。

☐ 开始洗衣服
☐ 为桑德拉买生日蛋糕
☐ 完成应收账款报告
☐ 检查汽车轮胎的压力
☐ 打电话预订早餐

要注意动词（开始洗、买、完成、检查和打电话）是如何告诉我们究竟该做什么的：没有歧义，不必猜测任务涉及的活动类型，动词直接定义了我们要做的具体事项。

另外，注意动词是如何让我们更容易估计完成任务所需的时间的。你可能不知道"衣服"任务需要多长时间，但你可以在 5 分钟内"开始洗衣服"。

当然，不是任何动词都可以起到引导作用；选择恰当的动词是一门艺术，关键是内容要具体。

例如，考虑待办事项"联系鲍勃询问关于 TPS 的报告"。动词"联系"是有帮助的，但不精确。它可以表示以下任何一种情况。

- ☐ 打电话给鲍勃
- ☐ 发电子邮件给鲍勃
- ☐ 给鲍勃发短信
- ☐ 顺便去鲍勃的办公室
- ☐ 将联系人鲍勃标上星号

选择定义任务的精确动词是有价值的——秘诀在于具体。你会给鲍勃打电话，还是给他发电子邮件？你会给他发短信，还是顺便去他的办公室？

正确的动词会激励你采取行动；错误的动词则恰恰相反，它会使你拖延，"探索""计划"和"了解"这样的动词就很不具体，不如"研究""写大纲""打电话"这类动词有效——后面这类词对选择会产生更大的影响，因为它们指明了如何具体行动。

使用正确的动词描述任务将激励你采取行动。你不会受到干扰，也不太可能拖延，因为你明确知道自己需要做什么。

而最终的结果会是怎样的？

你会更快地完成日常待办事项清单，在更短的时间内完成更多工作。

第 10 步：注意哪些任务会受到他人的影响

每日清单中的某些任务需要其他人的参与。例如，你可能正在开发基于团队合作的项目，并且需要某些团队成员完成特定任务，然后才能解决你负责的问题。

即使你是独自工作，其他人的信息对你的工作流程来说也可能至关重要。例如，进行应收账款统计可能需要来自销售部门中某些人的数据，而打算召开的电话会议可能需要同事为你提供详细信息。

重要的是，你需要了解任务清单中的哪些项目需要依靠其他人的行动。戴维·艾伦在GTD法中提出，可以创建一份独立的"等待清单"（"Waiting for" List），用来记录你等待某人采取行动的每项任务。

就我个人而言，我认为使用"等待清单"有些多余。如果你已经按照前面的9个步骤创建主清单、基于任务细节的清单和每日清单，那么没有"等待清单"也是完全可行的。实际上，"等待清单"会使你的任务管理法过于复杂。

我的建议是：在每条待办事项旁边写一个简短的笔记，说明你需要的信息类型（如电子邮件、电话、报告、电子表格等）、格式，以及你希望对方交付的日期。

如果你未及时收到对方的意见，预计的交付日期将提示你跟进他的进度。这种方法将帮助你设定对他人的预期，并让他们对所需交付的成果负责。对于那些需要依靠其他人行动的工作流程，这一点至关重要。

大多数人都忽视了这一步，没有去记录是否需要其他方面的信息或者会受到他人的影响。而如果你正在完成的任务需要依靠其他人，那么缺少这方面的考虑将毁掉估计任务完成时间的准确性。这样会使你最终浪费宝贵的时间等待其他人采取行动，而在事务安排上处于尴尬的境地。这当然会限制你完成工作的能力，严重影响工作效率。

第6章

如何维护待办事项清单系统

主清单、基于任务细节的清单和每日清单合在一起，就构成了更大的"待办事项清单系统"。每个部分的有效性取决于该系统的完整性。

如果你有一个运行良好的系统，那么清单将帮助你更快、更高效地完成重要工作。如果系统出现故障，那么你的清单可能会阻碍工作流程的正常进展，破坏你的时间管理能力并降低工作效率。

在以下部分中，我将逐步向你展示如何维护有效的待办事项清单系统。这些技巧大多基于我们前面已经介绍过的核心概念（当然也有一些新概念）。这些内容对于创建一个可确保你完成重要工作的待办事项清单而言至关重要。

技巧1：建立"微任务"批处理清单

我在第5章的第5步中提到了使用批处理清单。批处理清单的目的是用一份清单单独组织所有微任务

（完成时间不到 10 分钟的任务）。我们的想法是：在单个工作时间单元内批量解决它们。

微任务不属于你的日常待办事项清单。请记住，你的每日清单中的任务数量应限制为 7 个，这 7 个位置应该留给需要更多时间完成的高价值任务（至少 15 分钟）。

微任务也不应该保留在主清单中。因为它们最终会让事情变得混乱，所以它们应该放在单独的批处理清单中。如果你有额外的时间，可以筛选一些任务进行处理；完成后，把任务从批处理清单中删掉。

以下是属于单独的批处理清单中微任务的示例。

☐ 铺床
☐ 开始洗衣服
☐ 发邮件给客户
☐ 记录昨天的销售数据
☐ 把洗碗机腾出来
☐ 安排与同事会面

- ☐ 预订晚餐
- ☐ 检查语音邮件
- ☐ 把垃圾带出去
- ☐ 为老板提供进行中项目的最新信息
- ☐ 回电话
- ☐ 整理办公桌
- ☐ 网上支付账单
- ☐ 更新软件

这些任务中的每一项都可以在几分钟内完成。问题是，你在一天中零星地解决这些问题时，会有分心的风险——它们可能打断你的工作流程，破坏你的工作势能，摧毁你的创造力。它们会诱使你进行多任务处理，而这又会带来任务的转换成本。转换成本会对你的执行力产生负面影响，并导致你的效率直线下降。

解决方案就是将这些微任务批量处理。你只需要每次留出 30 ～ 45 分钟，就可以一个接一个地专注于这些任务，而这不会分散你的重要工作。这样每次处理微型任务时，你都会预留一个单独的时间单元来集中解决。

如果可以的话，你应该将背景相关的任务进行批处理。例如，如果你需要回复多封电子邮件，请将每封电子邮件视为一个单独的待办事项，并在这个批处理时间单元内处理所有这些电子邮件。同样，如果你需要在家中完成几项杂务，请将它们一并处理。

集中处理相关的待办事项可以最大限度地降低转换成本。按照此方法，你可以在更短的时间内完成更多工作，并减少在过程中犯错误的概率。

技巧 2：保持警觉，不被任务压垮

任何任务管理系统面临的最大威胁之一就是任务变得堆山积海。

你肯定有过类似的感受和经历。例如，你查看了自己的电子邮件，发现收件箱里躺着数百封邮件后不免感到气馁；你查看了主清单，发现有太多缺少细节的任务时，会感到沮丧；你发现每日清单里所包含的都是模糊且不可操作的任务后，会变得情绪低落。

但好消息是，你可以运用第 5 章介绍的步骤来消除这些问题（至少是使之最小化）。一个可靠的待办事项清单系统将帮助你有效地管理工作负担。

但是，令人感到不堪重负的威胁是永远存在的。如果这种感受在你的脑海中生根发芽，它将熄灭你的热情，消除你的动力，并阻碍你的创造力。

出于这些原因，你必须保持警觉，而且始终警觉。在某些情况下，多种因素的叠加会让你感到工作负担过重。例如，老板可能会让你承担越来越多的责任，同时同事会尝试将待办事项委托给你；配偶可能会不断增加你的"义务清单"，而没有注意到你是否有足够强的承受能力来及时应对。

待办事项清单将在这方面为你提供帮助。如果你正在按第 5 章讲到的方法创建清单，那么你要衡量自己的能力，决定承担新任务还是干脆把它们剔除在外。

不要低估不堪重负的感觉带来的消极影响。它会使你的压力升高，让你更容易受到干扰，并阻碍你完成重要的事情。

技巧 3：按场景定义待办事项清单

对于这个想法，我们已经详细介绍过了，但在这一章中，我还想再重复一次。在第 5 章的第 6 步中，我提到主清单中的每项任务都应附有任务情景的详细信息。例如，你应指定与任务相关联的项目、活动的类型（分析、创意等），以及是否存在任何基于地点的约束等。

这些细节最初可能看起来像浪费时间，但这对于维持一个平稳运行的待办事项清单系统而言至关重要。为主清单中的任务添加情景和具体细节，可以让我们快速识别应处理的任务。

例如，假设你正在负责截止日期迫在眉睫的高优先级项目，那么你应专注于那些推动该项目向前发展的任务（基于项目的场景）；假设现在是在下午，你的精力不够旺盛，那么你应该专注于偏体力而非脑力的工作（例如数据录入、整理桌面等），而不是进行分析工作或创造性工作（基于活动）；假设你在办公室里，那么你应专注于那些只能在办公室里才能完成的任务（基于地点）。

总之，任务的场景会告知你下一步应该做什么决定。虽然提前准备这些详细信息需要时间，但这样做可以简化之后的决策过程——这份时间投入是值得的。

我在前面建议你按任务的具体场景维护多份清单，但这只是一种适合我的方法。可能你直接套用这种方法并不奏效，那这样的话，你就需要找到适合自己的任务管理方法。

技巧 4：进行每周回顾

每周一次的回顾至关重要。它决定了你的任务管理系统是会激励你完成重要事情，还是鼓励你拖延；同时也决定了你是完成了所有任务，还是让任务都悄悄滞留。

大多数人没有定期回顾的习惯。他们认为这没必要；对于自己的工作，他们有十分的把握，因此认为单独抽空去回顾有些浪费时间。这种想法可能适合某些人。比如在你的主清单中如果包含的项目少于10个，那么你自然可以追踪每件事的进度而不必进行每周回顾。

但如果你有10多项任务需要跟进，同时你有具体的责任和目标，那么在没有定期回顾的情况下，你的主清单将会趋于无法管理的状况。

想象一下，你的清单中有超过100个项目。如果没有定期回顾，你将无法准确估测任务的进度，也无法只依赖大脑组织所有工作。想要跟踪如此多的任务进程实在太难了。

而这也正是进行每周回顾的意义所在。它使你有机会评估实现各种目标的进度，同时让你有机会重新规划任务的优先级。

我通常在周日晚上进行每周回顾。你也应该选择适合自己具体情况的时间。请注意，每周回顾需要你集中精力来完成。因此，你需要留出45分钟左右的时间，并确保在此期间不受干扰。

测评

如何进行每周回顾？以下是基本步骤。

1. 收集所有的待办事项清单。这包括你的主清单以及基于任务细节的清单。
2. 对你脑海中闪现的所有任务和项目进行记录，并将它们添加到主清单中。
3. 将新项目分解为单个任务。
4. 根据情境（项目、类型和位置）分离新任务。如有必要，创建新的基于任务细节的清单。
5. 整理你的电子邮件收件箱，对于必要的信息进行及时回复。如果有人在邮件里要求你完成某项任务但该任务并不紧急，那么你就在主清单中记下这封邮件并存档。存档不是要求你立刻回复或者完成相关的任务，只是提醒你之后需要这么做。接下来，你就可以删除其余无用的电子邮件了。
6. 查看主清单和基于场景的清单。删除不再必要或不再重要的任务。
7. 注意重要且紧急的任务。将它们标记为每日清单中的待办事项。
8. 记下你正在等待其他人反馈的任务。记下他的名字和

> 你希望收到反馈的日期。这个日期会提醒你,如果到时没有收到反馈,应该进一步跟进。
> 9. 查看高价值任务的截止日期,并在必要时进行调整。
> 10. 为你添加到主清单和基于场景的清单中的新任务设定截止日期。
> 11. 查看下周的日历。根据可用时间创建你的每日清单。

看起来似乎要做很多工作。的确如此,但进行每周回顾是相当值得的,它对于维护一个正常运作的待办事项清单系统来说不可或缺。它将确保你把有限的时间集中在高价值事项上,这些事项将推进你的最重要工作。

技巧 5:更新你的目标清单

目标决定了你如何度过一生。它让你清楚地了解想要实现的目标——无论是短期的目标,还是未来几年的长期目标。

它让你有所担当。当你知道想要实现的目标是什么时，你就会意识到自己做出的每一个决定都会产生影响，让你更接近目标还是离目标更远。

目标清单（list of goods）还可以帮助你专注于重要的事情。在第 5 章的第 2 步中，我建议为清单中的每项任务设定一个具体目标。这样做的目的就是给自己一种行动的驱动力。当你知道完成某项特定任务是为了什么，并且这一目的与你最终想要达成的计划一致时，你就会变得专注，把它当作最高优先级事件去处理。

你应该如何做呢？

首先，创建具体的目标。大多数人的目标都是模糊的。没有具体细节，我们就很难衡量这些目标的实现进度，目标也就无疾而终。

让我们看看下面的例子。

> **模糊目标：** 尽早退休。
>
> **具体目标：** 在 60 岁生日时退休，获得 200 万美元的流动性投资和 5000 美元的月收入。

请注意，模糊版本几乎无法评判你的进度。因为你尚未明确定义衡量成功的指标，自然无法确定目标的实现程度。

与模糊目标对比起来，具体的目标则是可跟踪的。

其次，写下你的目标。将目标写下来，你才更有可能坚持。

> 1979 年，哈佛大学 MBA 课程的毕业生被问及是否写下了自己的目标。84% 的人承认他们没有具体的目标；13% 的人称他们有目标，但没有写下来；只有 3% 的人写下了他们的目标以及实现目标的计划。
>
> 1989 年，采访者对这群毕业生进行了随访。他们注意到两个非同寻常的现象。第一，有目标的那 13% 的人比没有目标的那 84% 的人挣得多；第二，写下目标的 3% 的人收入是没有写下目标的 97% 的人的 10 倍。

你可以看到将目标变为白纸黑字的重要功效。

如果你已经创建了具体的目标，并把它们写下来了，那接下来应该怎么做呢？

再次就是每月回顾一次。在每个月末留出 30 分钟来跟踪你的进度并重新评估目标是否已经改变。如果有改变，就更新相应的记录。

待办事项清单系统是由你想完成的目标驱动的。有一些目标是短期的（例如，你可能希望今年在工作中获得晋升），另一些目标则是长期的（例如，到 60 岁退休时有 200 万美元的流动性投资）。

你应该每个月查看并更新目标，这样做有助于保持待办事项清单系统顺利运行。

技巧 6：避免在方法论上犹豫不决

如果你有兴趣提高工作效率，而且乐于尝试各种方法来更好地管理时间，"在方法论上犹豫不决"这种情况很常见。我们在前面已经讨论了 10 种最常用的待办事项清单法；如果我们把视野放得更宽，去学习更多与时间管理相关的知识时，会遇见番茄工作法、时间盒、富兰克林－柯维（Franklin-Covey）、简易做（Zen To Done）等不同的方法。

尝试不同的方法很重要。这是确定哪些方法能与你的工作方式相辅相成的唯一路径，也是发现可以把哪些新战术加入已有任务系统的好办法。

这也是本书一直坚持做的：我们探索了几种不错的创建待办事项清单的方法，着眼于发现它们最有价值的功能；紧接着我们再用其中一些功能来创建待办事项清单系统。

但任务管理系统有一个不好的方面：它很容易令人困在方法本身中。我们可能过分把焦点放在了方法论上——它们本来是用于管理时间和提升效率的，最后却产生了负面影响。这也是我们在第 2 章中所讨论的问题。总之，设计这些系统是为了让我们更快地行动，而不是犹豫不决。

使用任何任务管理法（包括你的待办事项清单系统）的目的，都是帮助你按时完成恰当的工作。我们的目标是提高效率，从而使生活更轻松。

而当你专注于方法论以至于方法论本身成为优先事项时，你就很可能丧失了原本的那些目标。

你可能认识一些符合这种描述的人。这类人会把所知道的所有时间管理法都派上用场；或者他使用的任务管理法非常复杂，需要耗费大量时间才能维持，这反而妨碍了他的工作效率（如果你想看看示例，可以在 YouTube 上搜索"time management binder systems"）。

待办事项清单法能够为你提供帮助。它要帮你完成重要的事情，使你更接近目标，而不是掌控你的生活。

不要因为忘记了任务管理法本身的目的而困在方法论的误区中。随着需求的变化，你也需要修改待办事项清单系统的各个方面。当你发现更好、更有效的工作方式时，就更新你的管理方法。

请记住，待办事项清单系统是用来协助你的，而不是用来控制你的。

技巧 7：构建适合你的系统

没有完美的待办事项清单系统。在整本书中，我都在向你强调，那些对他人有效的方法可能并不适合你。

有效系统的基本要素（例如截止日期、任务优先级、细节信息，以及当前任务和未来任务的分离）具有普遍价值，相比起来，其他方面则不那么重要。你可以修改或替换那些不重要的内容。

事实上，如果修改或者替换某些部分可以提高你完成工作的能力，你就应该这样做。

写作本书的目的不是束缚你在某个系统下工作，而是帮助你创建一个适合自己的系统。

让我们再想想已经学到了什么吧……

我们讨论了现如今最常用的待办事项清单，并强调了它们最有效的功能。我们还介绍了有效清单的基础知识，这些知识对于创建成功的系统来说至关重要。我们现在正在讨论的是：为了保证你的系统长期运行顺畅，应该添加哪些核心功能。

所有涵盖的概念都围绕一个目标：帮你创建专属的待办事项清单系统，也就是一种最适合自己工作的方法。可能你最终设计的方法和我使用的截然不同，这也完全没有问题，因为每个人的情况、工作流程、偏好和倾向都是不同的，所以各自的待办事项清单系统自然有所不同。

值得重复提到的是，第 5 章中介绍的各方法的基本结构是相同的，它们对于创建有效的待办事项系统来说至关重要。在具体应用上，你可以自由发挥。

重点是，最终制定的方法应该依照你的工作流程和环境而定。

技巧 8：保持一致

只有当你在工作中使用的基本原理与本书介绍的一致时，你的待办事项清单系统才会有效。一致性是所做努力最终取得成功的关键，在维护任务管理系统这件事上也不例外。

了解如何创建有效清单是一回事，每天按照那些基本原理行动是另一回事。后者决定了你的操作系统是平稳运行还是给你制造了堆积如山的任务。

而在具体执行上，我们面临双重挑战。第一个挑战是，保持一致性需要你改变习惯。制订计划和规则时，我们大多数人倾向于保留过度的自由。我们需要养成定期采取行动的习惯，而这并不是一下子就能适应过来的。

第二个挑战则是，一两天的懒怠可能会产生雪球效应。一旦你跳过某一天的任务，就更容易跳过接下来的每一天。

你很容易从过去的经验中印证雪球效应。比如你一旦推迟一件不愉快的事（例如去看牙医），就会不断拖延，而且习以为常。如果你未能坚持应用本书中说明的步骤和提示，最终也会出现同样的状况。

如果你在保持一致性方面存在困难，我建议你使用"杰瑞·宋飞（Jerry Seinfeld）策略"。以下是它的工作原理。

首先，了解创建有效待办事项清单系统的 10 个步骤（这些步骤在第 5 章中有详细说明）。

其次，你需要记住确保系统长期平稳运行的 8 个技巧（这 8 个技巧可在本章中看到）。

再次，购买一份可以在一张纸上显示全年日期的挂历和一支红笔。

最后，将你学到的技巧应用到主清单、基于场景的清单和每日清单中。这样成功完成一天的任务时，你就用红笔在日历上给这一天画个"X"。

宋飞在喜剧俱乐部巡回演出时使用了这种策略。他每天都会写笑话，只要写了笑话就在日历上画一个"X"。红色的"X"最终形成了一条长链，而他不想这条长链被某一天自己的懒惰中断。宋飞认为这种策略鼓励他一以贯之地写作，最终帮助他成为一名专业的喜剧演员。

在你养成一致的习惯之前，可以试试宋飞的方法。我在锻炼身体时就用了这种方法来记录。它很有效，我相信用它来维护你的待办事项清单系统也会有类似功效。

从"高效"轨道上掉下来怎么办

在前面的章节里我们提到，如果你希望任务管理系统有效，就必须在行动上与清单保持一致。坚持一天不难，但日复一日地坚持几十年就很难了。"就让事情放那里吧"的想法让人无法抗拒。

不幸的是，搁置事情很快就会导致螺旋式的崩溃。很快，你的任务管理系统就会彻底失效，而你早已被数不清的任务压得喘不过气。

这种情况比你预想的还要常见。许多人从"高效"的轨道上掉下来，他们的任务管理系统无法继续运行，同时也造成了相当大的损失。

为什么会出现这种情况？这是因为任何效率提升的方法，无论是关于任务管理的还是关于工作流程的，本质上都要培养一系列的行为。保持系统顺利运行一方面需要养成新的习惯并持续地遵从，另一方面也需要有复原力且守规则。

努力让待办事项清单系统顺利运行时，你会面临诸多障碍，甚至想要放弃。这是可以理解的。用好习惯取代坏习惯本就是一项艰巨的工作。

关键在于，在摔倒之后你选择了做什么事情。

有些人直接放弃了。他们认为维护待办事项清单系统太难了，他们的失败就是明证。他们抱着甘于失败的态度，任由任务管理系统崩溃而屈服于失败的结果。

另一些人则不同。他们承认完美的待办事项清单系统只是白日梦。他们也预料到了偶尔会出现的挫败。

然而，他们没有放弃，而是与自己和解并回到已被证明是正确的轨道上。

我鼓励你采取后一种方法。不管什么时候摔倒，都不要否定自己；自我内疚没有价值。相反，你应该抖去身上的泥土重新站起来，与自己和解。

接下来，你应该思考摔倒的原因。你的待办事项清单系统的某些方面是否缺乏明确性？是你缺乏精力导致没能进行每周回顾吗？你是否在有限的时间里尝试了过多的任务？

一旦知道了摔倒的原因，你就可以进行更改以纠正潜在的问题了。

适当设计和坚持使用的待办事项清单系统将提高你的工作效率和生活质量。你的压力感会更小，能享受更多的空闲时间并且有更多的机会和自己喜欢的人待在一起。你还能拥有更多的自由来追求个人兴趣。

但重要的是，你需要意识到将会面临的挑战。面对这些挑战时你的态度，将决定你的系统能否长期发挥作用。

第7章

计算机还是纸和笔：你应该用哪种工具创建清单

关于计算机还是纸和笔的辩论似乎永远不会结束。

你是应该使用数字工具来创建和整理待办事项清单,还是仅使用简单的纸和笔?

事实是,这个问题没有普遍正确的答案。两种方法各有利弊。本节将介绍双方的案例,因此你可以选择适合自己的方式。

使用纸和笔的情况

纸和笔听起来就没有吸引力,但数百万人的经验证实了这种最简单工具十分有效。事实上,很多场景都适合用纸和笔创建待办事项清单。

第一,我们通常需要写下在脑海中储存的某项任务。我们记住了它,也更倾向于立刻采取行动。相比起来,在笔记本电脑或手机上键入文字,效果就会弱很多——这是我建议把目标写下来的原因之一(参见第6章)。

第二，记事本可以和你的随手笔记无缝衔接。它非常适合线性结构（典型待办事项清单的格式），当然同样可以处理思维导图和其他笔记样式。

第三，你可以避免担心软件使用时出现的各种问题。你很可能已经使用了许多应用程序，每天都在使用从文字处理程序到电子表格的各式各样软件。任何软件都可能出现故障，中断你的工作流程并破坏你的动力。

这是依赖软件的缺点。

值得注意的是，使用基于云的应用程序并不能保证全天候访问。如果服务器出现故障、被黑，或者你无法使用笔记本电脑或手机，又会如何影响你的工作进程呢？

当你使用纸和笔来维护待办事项清单时，这些问题就不会再出现了。

第四，记事本易于携带。你可以随身携带，想到待办事项时随时记下来。相比而言，数字工具的维护成本更高。例如，如果你需要在笔记本电脑上跟踪任务进度,那么每当你想到一个新项目时,就必须打开电脑,点开任务管理软件(如果应用在云端,则需要打开网站)并输入内容(就算是用手机也并不会方便到哪里去)。

第五,没有什么能提供比使用笔来记录待办事项更完美的触觉体验了。点击软件图标或手机上的App不会给你同样的感觉,通常体验并不令人满意。

下面让我们转换视角,看看又有哪些理由让我们选择使用数字化工具来创建和维护待办事项清单吧。

在线存储待办事项清单的情况

对于那些希望在线维护任务管理系统的人来说,数字化的解决方案比比皆是。从Todoist、印象笔记(Evernote)、Trello到Asana,用于创建和管理待办事项清单的应用程序各式各样、五花八门,每年市面上都会推出更多的应用程序。

在上一节中,我强调了使用纸质待办事项清单的五个理由。在这里,我将给出五个使用数字化工具的理由。请记住,最适合自己的方法就是正确的方法。

采用数字化的第一个理由是现今的应用程序使得按任务情景来组织任务清单变得非常容易。回忆一下在第 5 章中我们讲到的建立按项目、类型和地点组织的多份清单;你可能还有其他更多任务场景的清单。使用像 Todoist 这样的工具来组织和维护它们比在纸上操作更简单。

第二,你可以轻松地把待办事项从一份清单移动到另一份清单中。如果你需要重新对任务进行分类或更改附加到任务的详细信息,这类功能非常有用。

第三,许多在线应用程序(如 Todoist)允许你根据日期和时间设置闹铃和提醒。想想看,如果你持有的是一个包含 200 个项目的主清单,每个项目都有截止日期;在线应用程序会提醒你即将到期的项目,以便你可以相应地优先在每日清单中处理该项目。纸质清单几乎不可能帮你做到这一点。

第四，你可以在嵌套的结构中组织项目和任务。这可以大大提升任务的可视化程度——你有机会总览整个大型项目包含的任务，并监控完成这些任务的进度。

第五，Todoist 等工具可以帮你把待办事项清单与日历整合到一起。这项功能很有意义的地方在于，日历显示着你的可用时间。在 Todoist 中创建清单后，你可以将它们同步到你选择的日历工具（例如 Google 日历）中。另外，与某些日历的整合依赖于第三方工具，例如 Zapier 和 IFTTT。这些工具都简单易用。

那么究竟是基于纸和笔创立清单，还是在线创建和维护你的清单呢？答案取决于你的工作方式。有些人用纸和笔可以做到十分高效。就个人而言，我更喜欢使用 Todoist：它易于使用、免费（高级账户每年不到 30 美元），并且可以在全平台使用（你可以在笔记本电脑、苹果或安卓设备上使用）。

如果你觉得纸质系统不能满足你的需求，我强烈推荐 Todoist，它非常适合个人使用。如果你要用于管理项目和团队，那么可以尝试 Trello（它像 Todoist 一样有很多有用的功能。如有需要的话，你可以升级到高级账户）。

第8章

如何将日历整合到待办事项清单中

在效率提升上，待办事项清单和按日历安排任务经常被对立起来。哪种方式更好？两种工具都有坚定的拥护者和耿直的批评者。

事实是，这两种工具并不应该是互斥的，最佳方法是把你的待办事项清单和日历组合到一起，这样才能使你的产出最大化。

我在上一节中提到过，你的日历规定了你的可用时间，它告诉你有多少时间可以处理待办事项。如果你只有 3 个小时可用，那么创建一份需要 5 个小时才能完成的待办事项清单是没有用的。这样做会让自己失败，进而导致失望、压力和沮丧。

有一种简单的方法可以避免这种结果：同步你的日历和待办事项清单。让日历告知你做出有关待办事项的决定所需的信息。

这里有一种简单的方法。

1. 在一天结束时，查看第二天的日历，以确定你何时参加会议、电话会议或其他不可用时间。

2. 预估你可以分配给待办事项的时间（别忘了留

出午饭和休息时间)。此外，为可能出现的意外预留一部分时间（例如，你的老板和同事可能突然需要你的协助）。

3. 创建第二天的待办事项清单。你应该对每项任务所花费的时间有一个较好的估计（回想一下第5章中的第8步），然后根据自己的可用时间创建待办事项清单。

4. 把一天想象成一系列30分钟的时间块。1小时的会议将需要2个时间块，2小时的电话会议需要4个时间块，依此类推。在安排任务的时候，应在日历上把这些时段标记为不可用。

5. 在可用的时间区间内，具体安排待办事项究竟放在哪个时间段。

假设以下是你明天的日程安排。

☐ 8：00～9：00——与老板会面
☐ 10：30～中午——与销售团队开电话会议

□ 中午～13：00——午餐

□ 15：00～15：30——部门会议

上述时间表显示了你可以通过待办事项清单安排的工作时间段：

□ 9：00～10：30

□ 13：00～15：00

□ 15：30～17：00

总共可用时间是5.5个小时：留下45分钟用于休息和应对突发情况，你剩下的时间有4个小时45分钟。接下来，你再根据4个小时45分钟的可用时间为明天创建一份可实现的待办事项清单。

总而言之，待办事项清单是你希望在特定日期内完成的内容，日历确定的则是这样的安排是否可行。在我看来，使用一种工具而排斥另一种工具是错误的。你应该做的是把它们结合起来，有效地管理自己的时间并设定合理、现实的日常目标。

第9章

什么是"已完成清单"
（以及你需要保留它吗）

从长期来看，保持高效努力最常见的挑战是缺乏动力。你一定有过这种感觉：整日忙东忙西，一天结束后却忍不住回想："这一天的时间都花到哪里去了？"

每个人都有过这样的感受，有许多人经常会有这种感受。这种感受带来的结果可想而知：高价值的重要任务并没有完成，随之而来的是沮丧、内疚和巨大的心理负担。

"已完成清单"就是想要解决这样的问题。它记录的是你在一天中完成的所有任务。当你看到任务完成时，你会受到鼓舞而去完成更多任务。已完成清单使你恢复活力，为你提供了前进所需的动力。

可问题是，已完成清单有用吗？它是否真的能激励你采取行动？

这个问题取决于你的需要。如果你需要驱动力来完成任务，已完成清单可以当作一个不错的办法。已完成清单将突出显示你在白天的成就，令你能回想起做过的工作。相比之下，运用待办事项清单工作时，你通常在完成任务后就将其直接删去，而这样很容易忽略你实际上完成了多少工作。

另外，如果你不需要驱动力才能完成任务，那么可能就用不上已完成清单。实际上，它甚至可能会损害你的工作效率，因为你需要另外再管理一份清单，这就不必要地打乱了自己的待办事项清单系统。

如果不确定已完成清单是否可以帮助你完成任务，我建议你进行试验。你可以试验两周已完成清单，并记录它对你的影响。如果你发现它对你的效率提升有积极影响，那就继续使用它，否则就放弃这种方法。请记住，本书的目的是创建一个适合你的待办事项清单系统。

在下一节中，我将解释如何创建已完成清单，你一定一学就会。

如何创建已完成清单

先要知道的是，已完成清单不应取代待办事项清单（我之所以提到这一点，是因为许多使用已完成清单的人都建议你完全放弃待办事项清单)。

我完全不同意这个观点。

在我看来,对于组织任务和项目以及完成任务来说,有效的待办事项清单系统是非常有用的。已完成清单不可能取代任务管理策略,因为它不够灵活。

它可以作为你的待办事项清单系统中一个有用的部分,来让你看到自己的日常成就。那究竟应该怎么做呢?

首先,记下你在一天中完成的每项任务。任务的大小无关紧要,也不需要排出优先级。你是否提交了老板上周安排给你的报告?写下来。你是否已经安排了与经理会面?也写下来。你是否跟进了潜在客户关于你对新项目的投标?如果是这样,请也将其放在已完成清单中!

其次,每天正式工作之后,请查看你的已完成清单。把注意力放在你已经完成了多少任务上。你可以花点时间欣赏你的辛勤工作,相当于轻拍自己后背给自己打气。

最后，第二天早上，在你处理新一天的待办事项清单之前，先看一下昨天完成的清单。再次注意你完成了多少任务。让它作为动力，能使你当天的工作同样富有成效。

关于已完成清单，你需要做的就是这些。

正如前面所提到的，如果激励性刺激会促使你更有效地工作，那么请尝试使用已完成清单。你可能会发现它为你的工作流程增加了重要价值。只是不要让它取代你的待办事项清单系统。

第 10 章

关于有效待办事项清单的
一点看法

我在本书中已多次提到，但仍然值得再次重复：使用待办事项清单系统时应该考虑你自己的工作流程，它应该是适合你完成任务的方法。

我已经在本书中向你介绍了基本原理，也强调某些重要特征和功能应该成为你系统的一部分。

但最终，你应该根据自己的工作方式来制定任务管理策略。

另一个值得再次重申的观点是：使用清单（不管是主清单还是每日清单）的目的并不是确保你完成所有工作。相反，使用它的目的是确保你将有限的时间和精力集中在最重要的工作上。

请记住，提高工作效率不是为了让自己忙碌，而是根据短期目标和长期目标去做该做的事情。

在本书中，我已经和你分享了待办事项清单最大的优点之一是：它可以让你把在头脑中飘荡着的任务都记录下来。你可以将所有内容转储到纸上或 Todoist 等在线程序中；接着你可以按所含任务的场景、截止日期和其他详细信息对项目进行分类。这可以确保我们总是聚焦于重要的工作,同时也能防止优先级较低的项目被彻底遗忘。

最后,一旦你创建了一套任务管理系统,最重要的事就是始终如一地坚持创建和维护清单的基本原则,日复一日而不间断。保持一致性和不断坚持才是保持引擎运转的燃料。

你今天一定有很多事要做(更不用说明天、下周、下个月了),而你不可能记住所有这些,也不可能光凭大脑有效地组织它们。

那么解决方案就是创建待办事项清单。

你现在已经有了足够多的工具和方法来创建有效的待办事项清单,同时领悟到了在整个大的任务管理系统中,它们是如何协调运作的。那么从现在开始创建你的待办事项清单,收获生活中那些弥足珍贵的东西吧!

译 后 记

  如果有一个评选大赛，要选出这个世界上被严重浪费的事物，那冠军非时间莫属。

  时间的重要性不必多言，但能用好时间的人并不多。我也在时间管理这方面困惑过、实践过，到后来自己也慢慢摸索出一些方法，甚至能够和别人分享，去做演讲，影响更多的人。

  这本小书，我想可以作为你随时翻阅的工作手册，每当有困惑的时候，你可以从中找到时间管理的一些通用方法。

  时间管理的方法，说到底就是"你要用这一个小时干什么"的方法。一个小时的时间，你可以换来几局游戏的快乐,可以换来兴趣爱好的体验,也可以换来工作经验的积累。

人人都会说,"这一个小时要做什么""下一个小时要做什么",可是真正做下去的人少之又少。问题往往出在,我明明知道自己"应该做什么",却并没有"实际做什么"。时间管理的核心是如何"执行"的方法,而不是如何"写下待办事项清单"的办法。知道了如何写下计划之后,更重要的是实践。

实践过程则是时间管理中最难的部分。就拿翻译这本书为例,我并非专职从事翻译工作,因此只能利用业余的闲暇时间进行翻译。什么时候翻译?不想做的时候怎么办?当我确定"这一小时用来翻译这本书"之后,我要如何执行?

为此,我不得不改变一些原有的时间安排,将时间用得更紧凑些。我需要缩减一些不必要的时间支出,需要把一些碎片化的时间更好地用起来。回头看,这样的改变对我而言也意义非凡,我在翻译本书的过程中,也将自己的时间管理方法更系统地梳理了一遍。而且因为必须完成翻译内容，我对时间的利用率也在提高。

瑞·达利欧（Ray Dalio）有句名言："改变并不只会让你的顺境变得更好，还会让你的逆境变得不那么糟糕，我至今仍然在不断学习，不断改变，并将一直这么做下去，因为就算我想躲避，痛苦也会找上我。"

当你决心从"随意安排任务"过渡到"时间管理计划"之后，你需要把"改变"当成朋友。改变过去的习惯，才能创造新的习惯，这是我在翻译过程中的最大体会。

当然在翻译的过程中，仍少不了遇到困难和阻碍。感谢编辑在翻译过程中给出的帮助和指导，她的建议和精心校对才让本书得以呈现在大家面前。